hänssler

Friedhold Vogel

»Ich bin ...«

Was Jesus über sich selbst sagte

Friedrich Vogel, 1937 in Falkenstein/Vogtland geboren, ist Evangelist, Theologe und Schriftsteller. Seit 1979 steht für ihn der evangelistische Dienst an erster Stelle. Er wurde von diesem Zeitpunkt an von seiner Kirche für diesen Arbeitszweig freigestellt. Insbesondere ist er tätig als freier Mitarbeiter beim Evangeliums-Rundfunk, Koordinator Deutscher Gebetsbewegungen, im Leitungskreis der Lausanner Bewegung Deutschland und deutscher Vertreter in der internationalen Lausanner Fürbittengruppe.

Hänssler-Taschenbuch
Bestell-Nr. 394.452
ISBN 3-7751-4452-8

© Copyright 2005 by Hänssler Verlag, D-71087 Holzgerlingen
Internet: www.haenssler.de
E-Mail: info@haenssler.de
Umschlaggestaltung: Jens Beilharz & Arne Claußen
Titelbild: MEV Bildarchiv
Satz: Vaihinger Satz & Druck, Vaihinger/Enz
Druck und Bindung: Ebner & Spiegel, Ulm

Die Bibelstellen wurden, wenn nicht anders angegeben,
nach »Neues Leben. Die Bibelübersetzung«,
© 2002 by Hänssler Verlag, zitiert.
(NLB= Neues Leben Bibel, GNB= Gute Nachricht Bibel)

ecpa International Member of the
Evangelical Christian
Publishers Association

Inhaltsverzeichnis

Jesus Christus

ER passt in kein Schema	12
ER nannte sich Gottes Sohn	14
ER nannte sich Menschensohn	21

Jesus – Schlüsselfigur
ICH BIN des A + O – *Mehr als Boss, Star und Guru*

Ich, ich bin

1. Jesus das A – der Erste	31
»Haupt«-Rolle?	33
2. Jesus das O – der Letzte	35
Hoffnungsvolle Zukunft	36
3. Jesus – der Lebendige	37
ER ist da	38

Jesus – Lebensmittel
ICH BIN das BROT – *Es ist genug für alle da*

Anmaßung

1. Jesus – das Brot	47
Peinliches Missverständnis	48
2. Jesus – das Brot für alle	50
Jesus in St. Pauli	51
Jesus unter Privilegierten	52
Jesus für Gruftis	52
Jesus für alle	53

3. Jesus – das Brot für alle
   zum Essen 54
   - Mehr als Abendmahl 55
   - Ihn aufnehmen 57

JESUS – Lebenslicht
ICH BIN das LICHT – *Keiner muss im Dunkeln irren*

Provokation
1. Leben in der »Finsternis« 66
   - Ursprung des Bösen 68
   - Im Gefängnis des Teufels 72
2. Leben im »Licht« 78
   - Rettung 80
   - Vergebung 81
   - Liebe 81
3. Standortwechsel gefordert 83

JESUS – Lebenseingang
ICH BIN das TOR – *Geöffnet für alle*

Intolerant?
1. Das Tor zur Rettung 91
2. Das Tor zur Heilung 94
3. Das Tor zur Erfüllung 97

JESUS – Führungskraft
ICH BIN der GUTE HIRTE – *Du darfst vertrauen*

Schocking

1. Jesus hat es bewiesen	109
Unternehmen Golgatha	112
2. Sie können es heute erleben	115
Bedingungslose Liebe	116
Befreiende Geborgenheit	117
Sichere Navigation	120
3. Nicht für alle	122

JESUS – Hoffnungsträger
ICH BIN die AUFERSTEHUNG – *Dabei sein*

Enttäuschung

1. Die wichtigste Auferstehung – dabei sein ist alles	129
Der andere Tod	131
Existieren oder leben?	132
Wie finde ich zum Leben?	135
2. Die herrlichste Auferstehung	140
Freude pur	142
3. Die schreckliche Auferstehung	145
Wenn alles ans Licht kommt	146

JESUS – Lebensstraße
ICH BIN der WEG – *Keine religiöse Sackgasse*

Wahrheitsfrage

1. Religion als Sackgasse — 156
   - Das helfende Bild — 158
2. Jesus, der Weg — 159
   - Die lebendige Brücke — 161
   - Er ist Gott – der Schöpfer — 163
   - Er ist Gott – der Erlöser — 163
   - Er ist Gott – der Vollender — 164
3. Bitte gehen Sie ihn — 166
   - Jetzt kann es geschehen — 166

JESUS – Kraftquelle
ICH BIN der WEINSTOCK – *Ende der Energiekrise*

Dynamik

1. Jesus – der wahre Weinstock — 177
   - Unvergessliche Ereignisse — 178
2. Sie – die Rebe am Weinstock — 182
   - »Frucht, mehr Frucht, reiche Frucht« — 183
3. Bleiben – das Lebensthema — 185
   - Kein Wackelkontakt — 187

Übersicht der ICH-ICH-BIN-Worte — 190

Ein herzlicher Dank
an die Mitglieder des Arbeitsausschusses
Gebet der Deutschen Evangelischen Allianz
für alle Anregungen zur Überarbeitung
dieses Buches.

Es geschah an einem missionarischen Abend in der Coffee-Bar in St. Pauli – mitten in der Predigt. Genau unter meinem Mikrofon saß eine Dame im mittleren Alter. Es war unschwer zu erkennen, dass sie aus dem Milieu kam – und sie schien irgendwie nicht einverstanden zu sein mit dem, was ich sagte. Ständig schüttelte sie den Kopf, lief rot an und schimpfte vor sich hin. Ihr Sitznachbar, ein Stadtstreicher, versuchte sie zu beruhigen, aber es gelang ihm nicht so recht. Plötzlich schnellte die Hand der Dame nach oben. Der Stadtstreicher riss sie nach unten. Es gab eine lautstarke Diskussion. Ich unterbrach meine Rede und wandte mich an die Frau:

»Ich werde mich nach meiner Ansprache mit Ihnen unterhalten. Haben Sie noch ein wenig Geduld.«

Die Dame beruhigte sich – und ich konnte weitersprechen. Aber der Friede währte nicht lang. Sie lief wieder rot an, die Hand schnellte erneut nach oben und dann die ganze Frau, und mitten in die Veranstaltung hinein rief sie:

»Warum redest du immer von Jesus? Jesus! Jesus! Jesus! Das geht mir auf den Geist. Rede doch endlich mal von Gott!«

Die Atmosphäre war geladen. Einige regten sich auf. Andere lachten, und die meisten warteten gespannt auf meine Reaktion. Der Stadtstreicher versuchte vergeblich, die Dame auf den Sitz zurückzuziehen. Die Situation wurde peinlich. Doch plötzlich erkannte ich in dieser aufregenden Unterbrechung eine Chance. War das nicht die beste Gelegenheit, ausführlich zu erklären, warum ich von Jesus sprach? »Vielen Dank für diese Frage«, hörte ich mich sagen, »das will ich gern tun. Also – warum rede ich eigentlich von Jesus?«

Und dann konnte ich einer aufmerksamen Zuhörerschar mit der Bibel in der Hand zeigen, warum ich nicht allgemein von Gott redete, sondern speziell von Jesus Christus.

JESUS CHRISTUS

Wenn Sie die Bibel zur Hand nehmen – ich spreche jetzt vom Neuen Testament –, dann wird Ihnen dies auffallen: Jesus Christus steht im Zentrum. Ich habe mir die Mühe gemacht, überall dort einen kleinen Kreis in meine Bibel zu zeichnen, wo das der Fall ist. Mein Neues Testament ist voller Kreise, Tausende von Kreisen. Keine Seite ohne Kreise. Jesus, immer Jesus. Matthäus spricht von Jesus. Markus spricht von Jesus. Lukas spricht von Jesus. Petrus spricht von Jesus. Jakobus spricht von Jesus. Die Evangelien, die Apostelgeschichte, die Briefe, die Offenbarung – sie sind voll von Jesus. Aber wer war eigentlich Jesus Christus? Das ist die Frage, die immer wieder heiße Diskussionen heraufbeschwört.

ER passt in kein Schema

Als ich neulich den Begriff »Jesus« in die Web-Suche des weltweiten Internets tippte, stellte ich mit Erstaunen fest, dass es mehr als 34 Millionen Eintragungen über Jesus gibt. Im deutschen Internet fand ich ca. 64.300. Ich öffnete dann eine x-beliebige Seite. Dort las ich als ersten Satz: »Jesus Christus, das einflussreichste Leben, das je gelebt wurde.«

Wenn man auf das Thema »Jesus« zu sprechen kommt, gehen die Meinungen allerdings weit auseinander.

Die meisten halten Jesus für einen der bekanntesten Religionsstifter. Sie vergleichen ihn mit Buddha und Mohammed. Aber die Bibel sagt etwas völlig anderes.

Einige sprechen davon, dass Jesus Christus einer der edelsten Menschen war, der je gelebt hat. Sie denken dabei an Mutter Theresa, an Mahatma Gandhi oder an Albert Schweitzer. Aber die Bibel zeigt eindeutig, dass Jesus mehr war als nur ein edler Mensch.

Wieder andere ordnen Jesus in die Rubrik der großen Revolutionäre der Welt ein – und zweifellos hat Jesus Revolutionäres gesagt. Aber die Bibel ist weit davon entfernt, ihn einen Revolutionär zu nennen.

Einige, die sich intensiv mit seinen Aussagen über das Leben befasst haben, sind der Überzeugung, dass Jesus ein überragender Philosoph gewesen sei, wie etwa Plato, Aristoteles oder Sartre. Aber auch diese Meinung unterstreicht die Bibel in keiner Weise.

Wer aber war Jesus wirklich? Und was sagt die Bibel über ihn?

Vor einigen Jahren hat das Magazin »Der Spiegel« das Thema »Jesus« wieder einmal aufgegriffen. Neun verschiedenfarbige Abbildungen von Jesus waren auf der Titelseite zu sehen. Darunter stand: »Gesucht: Ein Mensch namens Jesus.« Auf neunzehn Seiten wurde das Thema behandelt: »Jesus, was wissen wir wirklich über ihn?« Zuerst kamen einige Theologen zu Wort. Aber ihre Meinungen gingen extrem auseinander. Doch dann war ich positiv überrascht, dass »Der Spiegel« etwas tat, was das einzig Vernünftige ist: Er ließ die Bibel zu Wort kommen, das Urdokument des christlichen Glaubens. Folgendes war zu lesen:

»Jesus hat Dämonen ausgetrieben, er hat Kranke geheilt, darunter Blinde, Lahme und Krüppel, Mondsüchtige und Gichtbrüchige, eine blutflüssige Frau und die fiebrige Schwiegermutter des Petrus. Er hat Tote auferweckt, einen Sturm gestillt, fünftausend mit fünf Broten und zwei Fischen gesättigt, ist auf dem Meer gewandelt und hat bei einer Hochzeit Wasser zu Wein gemacht.

Er ist mit einem Anspruch aufgetreten wie kein anderer Religionsstifter, wie es weder vom Juden Moses im Alten Testament noch vom Araber Mohammed in den islamischen Quellenschriften behauptet wird. Er ließ sich als Messias und als Sohn Gottes verehren.

Er hat vieles geweissagt, seinen eigenen Tod, seine Auferstehung nach drei Tagen und die Zerstörung des Tempels in Jerusalem, zu der es erst 40 Jahre nach seinem Tode kam.«[1]

Es ist eine prägnante und auf den Punkt gebrachte Zusammenfassung aus dem Buch der Bücher. Dabei wird eine Aussage der Bibel zitiert, die wie keine andere die Einzigartigkeit und Unvergleichbarkeit von Jesus dokumentiert. Sie lautet: »Er ließ sich als Sohn Gottes verehren.«

ER nannte sich Gottes Sohn

Er nannte sich Sohn Gottes, und das so unüberhörbar, dass seine schärfsten Gegner ihm vorwarfen, dass er sich mit Gott gleichstellte (Johannes 5,18). Die Wunder, die Jesus Christus getan hat, wurden von den Menschen mit Staunen und Hochachtung honoriert. Aber die Aussage »Sohn Gottes« löste den Protest, besonders bei der religiösen Elite des Landes, aus. Für sie war das Gotteslästerung. Die Sache um Jesus spitzte sich darum mehr und mehr zu. Der Widerstand wuchs und für die meisten im »Hohen Rat« war klar: Er musste beseitigt werden. Dann kam die Nacht, in der er von einem seiner engsten Freunde, von Judas Iskariot, verraten wurde. Wenige Stunden später stand Jesus vor der höchsten religiösen und politischen Instanz Israels. Hunderte ehrwürdiger Männer hatten sich unter dem Vorsitz des Hohen Priesters in Jerusalem versammelt. Das Verhör war exzellent vorbereitet. Man hatte Zeugen bestellt, die Jesus beschuldigen sollten. Einer nach dem anderen von ihnen trat vor. Aber, wie peinlich, sie widersprachen sich und Jesus schwieg. Alles schien schief zu laufen. Da ergriff der Hohe Priester selbst das Wort. Er erhob sich. Er trat einen Schritt auf Jesus zu. Seine Stimme war scharf und herausfordernd. Er streckte seine Hand aus und sagte: *»Im Namen des lebendigen Gottes: Sage uns, ob du der Christus bist, der Sohn Gottes«* (Matthäus 26,63). Der Begriff, der alle herausforderte, war gefallen: »Sohn Gottes!«

- »Sohn Gottes« – das bedeutete:
  der verheißene Messias.
- »Sohn Gottes« – das bedeutete:
  der Erlöser der Menschheit.
- »Sohn Gottes« – das bedeutete:
  der Schöpfer, der Erhalter und der Vollender des Universums.

· »Sohn Gottes« – das bedeutete:
der Sieger über Vergänglichkeit und Tod.

Was würde Jesus antworten? Alle Augen waren auf ihn gerichtet. Eine geradezu unheimliche Stille breitete sich aus. Jedem im Hohen Rat war klar, dass er auf die Antwort von Jesus reagieren musste. Dabei gab es nur eine Alternative, nur eine von zwei Möglichkeiten. Würde Jesus sagen: »Ich bin Gottes Sohn!«, dann mussten entweder alle im Synedrion vor ihm niederfallen und ihn anbeten, oder sie mussten ihn niederschreien und ihn als Gotteslästerer verurteilen. Und eines war ebenso klar: Es würde die härteste und weitreichendste Entscheidung sein, die je in diesem Saal getroffen werden würde.

In diese atemberaubende Stille hinein öffnete Jesus den Mund. Klar und bestimmt sagte er die schicksalsschweren Worte: »*Ich bin's!*« Und er fügte hinzu: »*Von nun an werdet ihr den Menschensohn zur Rechten Gottes sehen, auf dem Platz der Macht*« (Matthäus 26,64).

Da brach ein unglaublicher Tumult aus. Der Hohe Priester zerriss zornentbrannt sein Gewand und schrie: »*Gotteslästerung! ... Ihr alle habt seine Gotteslästerung gehört.*« Ehrwürdige Männer verloren plötzlich die Fassung. Sie spuckten Jesus ins Gesicht. Sie schlugen auf ihn ein. Sie verspotteten ihn. Einmütig riefen sie: »*Schuldig. Er muss sterben!*« Die Entscheidung war gefallen.

Auch Sie können, wenn es um die Person »Jesus« geht, nur zwischen zwei Möglichkeiten wählen: Entweder Jesus ist das, was er in aller Öffentlichkeit von sich gesagt hat – »Gottes Sohn« –, oder er war ein Betrüger, ein Verführer, ein Größenwahnsinniger. Hören Sie dazu noch auf einige seiner Selbstaussagen, die ich Ihnen in diesem Buch besonders vorstellen will, und bedenken Sie dabei sein unwidersprochen vorbildliches Leben, seine Einfachheit, seine Demut, seine Ausstrahlungskraft, seine ungewöhnliche Intelligenz, seine Vollmacht und seine opferbereite Liebe.

· Er nannte sich das Brot, das den Hunger nach einem erfüllten Leben stillt. Einer großen Menschenansammlung rief er zu: *»Ich bin das BROT des Lebens. Wer zu mir kommt, wird nie wieder hungern. Wer an mich glaubt, wird nie wieder Durst haben«* (Johannes 6,35). Hatte er Recht, oder war es eine populistische Verlautbarung?

· Er nannte sich das Licht für unseren Planeten. In einer Rede, die Jesus im Tempel in Jerusalem hielt, sagte er wörtlich: *»Ich bin das LICHT der Welt. Wer mir nachfolgt, braucht nicht im Dunkeln umherzuirren«* (Johannes 8,12). Realität oder wahnsinnige Übertreibung?

· Er nannte sich das eine Tor zur Rettung für alle Menschen. *»Ich bin das TOR«*, sagte er. *»Wer durch mich hineingeht, wird gerettet werden«* (Johannes 10,9). War er es wirklich, oder hat er sich und andere getäuscht?

- Er nannte sich die Auferstehung für ein ewiges Leben im Himmel. In der Nähe eines Friedhofs versicherte Jesus einer trauernden Frau, deren Bruder einige Tage zuvor gestorben war: *»Ich bin die AUFERSTEHUNG und das LEBEN. Wer an mich glaubt, der wird leben, auch wenn er stirbt«* (Johannes 11,25). Stimmte es, oder war es nur ein gut gemeinter Trostversuch?

- Er nannte sich den einen Weg, der zu Gott, dem Vater, führt. Aus seinem Mund hörten die Menschen die Worte: *»Ich bin der WEG, die WAHRHEIT und das LEBEN. Niemand kommt zum Vater außer durch mich«* (Johannes 14,6). Hat er die Wahrheit gesagt oder gelogen?

An dieser Stelle eine sehr persönliche Frage: Wie reagieren Sie auf diese Aussagen? Sie zwingen ja geradezu zu einer Stellungnahme. Wenn Jesus die Wahrheit gesagt hat, dann wäre es doch unverantwortlich, sich ihm nicht anzuvertrauen. Wenn Jesus aber gelogen hat, dann wäre es unverantwortlich, ihn nicht abzulehnen und vor ihm nicht zu warnen. Und – überdenken Sie einmal diese Konsequenz – dann wäre der christliche Glaube, ob katholisch, evangelisch oder freikirchlich, die gefährlichste Lüge der Geschichte und die größte Irreführung aller Zeiten.

»Im Namen des lebendigen Gottes, sage uns, ob du der Christus bist, der Sohn Gottes« (Matthäus 26,63). Damit forderte der Hohe Priester damals von Jesus Christus eine unmissverständliche Stellungnahme. Und Jesus gab eine ebenso unmissverständliche Ant-

wort. Er sagte: »*Ich bin's!*« Und mit diesem »*Ich bin's!*« begegnet Jesus auch den Menschen des 21. Jahrhunderts. Mit diesem »*Ich bin's!*« begegnet er Suchenden und Ablehnenden, Gottesbefürwortern und Gottesleugnern, Religiösen und Nichtreligiösen. Mit diesem »*Ich bin's!*« begegnet er auch Ihnen. Wer immer mit Jesus Christus konfrontiert wird, sei es beim Lesen der Bibel oder eines Buches, sei es in einem persönlichen Gespräch oder in einer Ansprache, der wird dieses »*Ich bin's!*« hören. Und damit wird er in die wichtigste und folgenschwerste Entscheidung seines Lebens gestellt. Es geht um Annahme oder Ablehnung. Es geht um Himmel oder Hölle. Es geht um ewiges Sein mit Gott oder um ewiges Getrenntsein von Gott. Hier kann es keine Neutralität geben. Mit einigen »Wenn-Aussagen« möchte ich noch einmal die Tragweite dieser Jesus-Entscheidung anhand der Bibel deutlich machen.

Wenn Jesus Gottes Sohn ist, dann ist jeder Satz, den er gesprochen hat, absolute Wahrheit. Dann stimmt es, wenn Jesus erklärte: »*Himmel und Erde werden vergehen; doch meine Worte bleiben ewig*« (Matthäus 24,35).

Wenn Jesus Gottes Sohn ist, dann war sein Sterben am Kreuz letztlich keine Intrige der religiösen Elite Israels, sondern dann war es Gottes Plan zur Rettung der gesamten Menschheit. Dann war sein Sterben genau das, was die Bibel bereits siebenhundert Jahre vor diesem Ereignis so beschrieb: »*Doch um unserer Missetaten willen wurde er durchbohrt, um unserer Missetaten willen zerschlagen*« (Jesaja 53,5).

Und dann stimmt der Satz der Bibel: »*Das Blut von Jesus, seinem Sohne, reinigt uns von jeder Schuld*« (1. Johannes 1,7).

Wenn Jesus Gottes Sohn ist, dann ist sein Grab wirklich leer. Dann ist er der Erste, der den Ereignishorizont des Todes durchbrochen hat. Dann verehren Christen keinen großen Toten. Dann schauen sie nicht wehmütig zurück auf eine außergewöhnliche Persönlichkeit, die einmal gelebt hat. Dann leben sie mit Jesus Christus heute und sie wissen, dass er Raum und Zeit ausfüllt. Dann bekennen sie mit Überzeugung, hinter der viele persönliche Erfahrungen stehen: »*Nun aber ist Christus als Erster von den Toten auferstanden*« (1. Korinther 15,20).

Wenn Jesus Gottes Sohn ist, dann ist er die letzte Instanz, vor der einmal jeder Mensch sich für sein Leben, für sein Denken, Reden und Handeln, verantworten muss. Dann wird sich die Aussage der Bibel erfüllen: »*Der Vater richtet niemanden, sondern das Gericht hat er ganz in die Hände seines Sohnes gegeben, damit alle den Sohn ebenso ehren, wie sie den Vater ehren*« (Johannes 5,22+23). Dann ist er der Richter aller Menschen und alle werden einmal vor ihm stehen und sie werden von ihm beurteilt werden.

Wenn Jesus Gottes Sohn ist, dann stimmt auch diese provozierende Aussage der Bibel: »*Wer an den Sohn Gottes glaubt, hat das Leben; wer aber an den Sohn Gottes nicht glaubt, hat auch das Leben nicht*« (1. Johannes 5,12). Dann hängt also auch Ihr gesamtes Schicksal von Jesus Christus ab. Ob Sie wirklich leben oder nur existieren, entscheidet somit Ihre Entscheidung für Jesus oder gegen Jesus. Das und nichts weniger sagt die Bibel über Jesus Christus und sie kann an dieser Stelle nicht ohne Fälschung uminterpretiert werden.

ER nannte sich Menschensohn

Ich wurde schon öfter so und ähnlich gefragt: Warum wurde Jesus, wenn er Gottes Sohn war, wenn er die zweite Person Gottes war, warum wurde er ein Mensch? Warum wurde er geboren, wie jedes Kind geboren wird? Ich möchte Ihnen auch darauf die logische Antwort der Bibel geben: Sie erklärt, dass jeder Mensch durch Sünde von Gott getrennt ist. Die Kluft ist so groß, dass kein Mensch sie jemals überbrücken kann. Heiliger Gott und sündiger Mensch sind sich unendlich ausschließende Gegensätze. In der Bibel lesen wir: »*Denn alle Menschen haben gesündigt und das Leben in der Herrlichkeit Gottes verloren*« (Römer 3,23). Um dieses Menschheitsproblem zu lösen, hat Gott einen Menschen auf dieser Erde gebraucht, der ohne Sünde war, der vollkommen war, der in ununterbrochener Verbindung mit Gott lebte. Nur ein solcher Mensch war in der Lage, die Sünden der Menschen auf sich zu nehmen und dadurch der Vermittler zwischen dem heiligen Gott und dem sündigen Menschen zu werden. So wurde der Sohn Gottes Mensch, der eine Mensch ohne Sünde, und darum konnte er – und nur er – der Mittler zwischen Gott und den Menschen sein. Dr. Billy Graham sagte: »Der Welt einziges vollkommenes Kind wurde von Maria geboren. Er wurde der einzige vollkommene Mensch. Als solcher war Er allein berechtigt, Gottes Plan zur Erlösung der Menschheit zu verwirklichen.«[2] Als der Sohn Gottes konnte er nach der Hand Gottes, des Vaters greifen. Als der Menschensohn, wie er sich ebenfalls nannte, konnte er nach den Händen der Menschen greifen und so Mensch und Gott wieder miteinander verbinden. Er, Jesus, der Gottessohn und Menschensohn, hat das größte Problem der Menschheit gelöst – das Problem des Getrenntseins von Gott. Darum wurde er Mensch. Siebenhundert Jahre zuvor hat es der Prophet Micha vorausgesagt. Seine Prophetie finden Sie in der Bibel. Er sprach von dem Ort, an dem Jesus geboren werden sollte, und er sprach davon, dass er Gott selbst war. Die Prophezeiung lautet: *»Du, Bethlehem Efrata, bist zwar zu klein, um unter die großen Städte Judas gerechnet zu werden. Dennoch wird aus dir einer kommen, der über Israel herrschen soll. Seine Herkunft reicht in ferne Vergangenheit zurück, ja bis in die Urzeit«* (Micha 5,1). Und genau so exakt, wie die Geburt des ewigen Gottessohnes von Gott inspiriert vorausgesagt wurde, wurde von dem Propheten Jesaja, der ebenfalls sieben Jahrhunderte vor Jesus Christus gelebt hat, das für alle Menschen stellvertretende Sterben von Jesus an einem Kreuz vorausgesagt. Ich übersetze aus dem Originaltext: *»Er ward durchbohrt um unserer Sünde willen* (denken Sie dabei an die Nägel, die man durch seine Hände und Füße schlug), *zerschlagen für unsere Missetaten«* (denken Sie dabei an die schreckliche Geißelung durch die römischen

Legionäre). Und weiter heißt es: »*Gott ließ aufprallen unsere Schuld auf ihn*« (Jesaja 53,5+6). Das alles sagt die Bibel über Jesus Christus. Dabei werden wir aufgerufen, uns dem Sohn Gottes anzuvertrauen. Die Entscheidung liegt in Ihren Händen. Die Tür ist offen! Werden Sie eintreten? Die Hand ist ausgestreckt! Werden Sie sich ergreifen lassen? Jesus Christus selbst lädt Sie ein! Werden Sie ihn als Ihren Erlöser und Herrn annehmen? In der Bibel steht: »*Siehe, jetzt ist die Zeit der Gnade, siehe, jetzt ist der Tag des Heils!*« (Luther 84). Jetzt können Sie in einem Gebet sich Jesus Christus, dem Sohn Gottes und Erlöser der Welt, übereignen. Ich lade Sie dazu in diesem Buch ein. Dabei möchte ich Jesus Christus selbst zu Wort kommen lassen. Was sagte er von sich? Es interessieren hier also nicht zuerst die Aussagen der Männer, die mit Jesus gelebt haben und die er seine Jünger nannte. Es sollen auch nicht die ersten Zeugen der Christenheit befragt werden. Die Selbstaussagen von Jesus möchte ich zu Gehör bringen – und Sie werden entdecken, dass das ungeheuer spannend ist.

Jesus – Schlüsselfigur

ICH BIN des A + O –
Mehr als Boss, Star und Guru

*Ich bin der ERSTE und der LETZTE
und der LEBENDIGE.
Ich war tot und bin lebendig
für immer und ewig!
Ich habe die Schlüssel des Todes
und des Totenreichs.*

Vor einiger Zeit unterhielt ich mich mit einem jungen Mann. Auf seinem roten T-Shirt war zu lesen: »Jesus is my Boss.« Er erklärte mir, dass ihn wegen dieser Aufschrift jemand öffentlich angegriffen hätte, aber er habe sich mutig verteidigt. »Ist das o.k.?«, – fragte er mich. »Wenn du den Begriff ›Boss‹ richtig füllst, dann ist das mit Einschränkung zu vertreten«, erklärte ich. »In der Bibel lesen wir, dass Gott, der Vater, seinem Sohn Jesus Christus *›alle Macht im Himmel und auf der Erde gegeben‹* hat (Matthäus 28,18). Er ist also, wenn du das so ausdrücken willst, der Boss des Universums. Aber Jesus Christus ist nicht nur Boss, und er kann nicht mit den Topmanagern dieser Welt verglichen werden. Das wäre verhängnisvoll einseitig.«

Jesus ein Star? – Keine Frage, er war damals, als er unter den Menschen lebte, eine bekannte Persönlichkeit. Jesus hatte viele Verehrer. In der Bibel lesen wir: »Alle Welt läuft ihm nach.« Er war eine Berühmtheit, aber auch das ist nicht alles, was man von ihm sagen kann, und es ist eine sehr oberflächliche Sicht.

Jesus ein Guru? Der Duden erklärt den Begriff »Guru« unter anderem mit »religiöser Lehrer«. Die Bibel berichtet, dass Jesus die Menschen lehrte. Man nannte ihn »Rabbi« – »religiöser Lehrer«. Aber Jesus war nicht in erster Linie Rabbi. Er war mehr.

In der Bibel steht ein atemberaubender Satz über Jesus. Er hat eine unglaubliche Aussagekraft und Tiefe. Und das Entscheidende daran ist, dass Jesus selbst ihn gesprochen hat. Er sagte: *Ich bin der Erste und der Letzte und der Lebendige. Ich war tot und bin lebendig für immer und ewig!* (Offenbarung 1,17.18).

Alles ist hier absolut einmalig: Noch nie gab es einen Menschen, der das in dieser Weise sagen konnte: *»Ich war tot und bin lebendig für immer und ewig!«* O.k. – ich weiß, dass es Menschen gibt, die klinisch tot waren – eine Stunde oder vielleicht zwei – und die durch einen medizinischen Eingriff wieder lebendig wurden. Aber Jesus Christus lag einige Tage im Grab, und er sprach dieses *»Ich bin lebendig«* ungefähr sechzig Jahre nach seiner Auferstehung. Und hören Sie bitte genau hin: Jesus sagte nicht nur: *»Ich bin lebendig«*, sondern er sagte: *»Ich bin lebendig für immer und ewig.«* Das heißt doch im Klartext: »Über mich hat der Tod keine Macht mehr. Ich lebe jenseits des Vergänglichkeitshorizontes. Raum und Zeit engen mich nicht mehr ein.« Und diese herausfordernde Selbstaussage von Jesus beginnt mit den Worten: *»Ich bin der Erste.«*

»Moment«, werden Sie vielleicht sagen, »wie war das dann mit Adam? Stand am Anfang der Menschheitslinie nicht er?« Beachten Sie bitte, dass Jesus Christus hier nicht erklärt: »Ich bin der erste Mensch.« Er sagt: »*Ich bin der Erste*«, und er fügt sogleich hinzu: »*Ich bin der Letzte.*« Die Bibel kommentiert diese Worte und deutet damit in unvergleichbarer Weise die Einzigartigkeit von Jesus:

»*Christus ist das Bild des unsichtbaren Gottes. Er war bereits da, noch bevor Gott irgendetwas erschuf, und ist der Erste aller Schöpfung. Durch ihn hat Gott alles erschaffen, was im Himmel und auf der Erde ist. Er machte alles, was wir sehen, und das, was wir nicht sehen können, ob Könige, Reiche, Herrscher oder Gewalten. Alles ist durch ihn und für ihn erschaffen. Er war da, noch bevor alles andere begann, und er hält die ganze Schöpfung zusammen*« (Kolosser 1,15-17).

Jesus Christus ist nicht ein Teil der Schöpfung Gottes, sondern er war vor aller Schöpfung schon da und er ist der, durch den Gott alles geschaffen hat. Er ist der Beginn der Geschichte Gottes, und er ist zugleich das Ziel der Geschichte Gottes. Aus seinem Mund hören Sie die Worte: »*Ich bin das Alpha und das Omega – der Anfang und das Ende*« (Offenbarung 1,8 NLB).

Ich, ich bin

Als Jesus Christus vor zweitausend Jahren in der Öffentlichkeit auftrat, in Kapernaum, in Nazareth, in Jerusalem – in den Städten und Dörfern Palästinas –, hat er in seinen Reden einen Begriff gebraucht, der für jeden Juden wie ein Stromstoß wirken musste. Er war hochexplosiver Zündstoff nicht nur für einige Theologen, sondern für jeden, der auch nur ein wenig religiöses Empfinden hatte. Der Begriff lautete: »*Ich bin*« – oder genauer übersetzt: »*Ich, ich bin*«. In der Biografie, die der Apostel Johannes über Jesus schrieb, im Johannesevangelium, finden Sie diesen Begriff 26-mal. Diese beiden Worte haben immer wieder Krisensitzungen im jüdischen Hohen Rat in Jerusalem ausgelöst. Diese beiden Worte führten zu heißen Diskussionen unter dem Volk. Diese beiden Worte lieferten stundenlang Gesprächsstoff für die Männer und Frauen, die Jesus nachfolgten. Es waren die provozierendsten Worte, die Jesus jemals gesprochen hat – und er hat vieles gesagt, das die Wogen hochgehen ließ und die Gemüter erhitzte. Im Originaltext der Bibel lauten diese Worte »ego eimi« und wortwörtlich übersetzt heißen sie »*Ich, ich bin*«. So sagte Jesus zum Beispiel:

- *Ich, ich bin das Brot des Lebens.*
- *Ich, ich bin das Licht der Welt.*
- *Ich, ich bin das Tor.*
- *Ich, ich bin der gute Hirte.*
- *Ich, ich bin der wahre Weinstock.*
- *Ich, ich bin der Weg und die Wahrheit und das Leben.*
- *Ich, ich bin die Auferstehung und das Leben.*
- »*Ich, ich bin*« ... Immer und immer wieder sprach er dieses: »*Ich, ich bin.*«

Aber warum waren diese Worte für die Juden so provozierend? Was war denn an ihnen so aufregend? Uns reißen sie doch auch nicht vom Hocker. Das also muss geklärt werden.

Sehen Sie, wenn Juden dieses »*Ich, ich bin*« aus dem Mund von Jesus hörten, dann stand blitzartig ein Bericht aus den Anfängen der jüdischen Geschichte, aus der Thora, aus dem Alten Testament, vor ihnen. Sie sahen Mose, wie er verwundert in der Wüste einen Busch beobachtete, der brannte und doch nicht verbrannte. Und sie hörten die Stimme, die Mose erzittern ließ: »*Zieh deine Schuhe aus, denn du stehst auf heiligem Boden*« (2. Mose 3,5 GNB). Es war Gott, der in dieser einmaligen Offenbarung Mose beauftragte, das Volk Israel aus der Sklaverei Ägyptens zu befreien. Und nun hören Sie bitte den Originaltext der Bibel, den jeder Jude auswendig kannte und der im Herzen eines jeden Juden unauslöschlich als die einzigartige Gottesoffenbarung eingebrannt war:

»*Aber Mose wandte ein: »Wenn ich zu den Israeliten gehe und ihnen sage: ›Der Gott eurer Vorfahren hat mich zu euch gesandt‹, und sie mich dann fragen: ›Wie heißt er denn?‹, was soll ich ihnen dann antworten?«*

Gott entgegnete: »Ich bin, der ich immer bin. Sag ihnen einfach: ›Ich bin hat mich zu euch gesandt.‹« Und er fügte hinzu: »Sag ihnen: ›Der HERR, der Gott eurer Vorfahren – der Gott Abrahams, der Gott Isaaks und der Gott Jakobs – hat mich zu euch gesandt.‹ Das ist mein Name für alle Zeiten; alle kommenden Generationen sollen mich so nennen (2. Mose 3,13-15).

Ahnen Sie jetzt den Grund der Aufregung? Was hatte Gott zu Mose gesagt: »*Ich-bin, der ich bin*«, oder wörtlich übersetzt. »*Ich-bin ist mein Name für alle Zeiten.*« Diese Gottesoffenbarung, diese Preisgabe des Namen Gottes – Jahwe im hebräischen Urtext – war für jeden Juden so heilig, dass er nie ausgesprochen wurde. Und nun – bitte versuchen Sie sich einmal hineinzudenken und sich die Situation vorzustellen – steht da irgendwo an einer Straßenecke in Israel der Rabbi Jesus von Nazareth und wendet diesen heiligen Namen »*Ich, ich bin*« haargenau und, ohne mit der Wimper zu zucken, auf sich an. Unüberhörbar sagt er damit: »In mir steht der ›Ich, ich bin‹ vor euch.« Oder noch schockierender: »Der ›Ich, ich bin‹ steht vor euch. Der, der in der Wüste mit Mose gesprochen hat, der spricht jetzt mit euch.«

Das ist klar: Das musste Feuer geben. »*Manche meinten: ›Er hat einen Dämon und ist verrückt. Warum hört ihr auf einen solchen Mann?‹ Andere dagegen sagten: ›Das klingt nicht nach einem Mann, der von einem Dämon besessen ist! Oder kann ein Dämon etwa den Blinden die Augen öffnen?‹*« (Johannes 10,20.21).

Die religiösen Führer warfen ihm vor, dass er sich »mit Gott auf eine Stufe stellte«. Diese Selbsteinschätzung von Jesus war in ihren Augen nicht nur schamlos, sie war ein Verbrechen. Was Jesus hier tat, war Gotteslästerung und darauf stand die Todesstrafe. Das musste schief gehen. So wurde dieses »*Ich, ich bin*«, also das Selbstverständnis von Jesus, ihm zum Verhängnis. Das Kreuz war vorprogrammiert – aber, und das möchte ich hier schon einbringen, es war der Plan Gottes zur Rettung einer in Sünde gefallenen Menschheit. »*Denn Gott hat die Welt so sehr geliebt, dass er seinen einzigen Sohn hingab, damit jeder, der an ihn glaubt, nicht verloren geht, sondern das ewige Leben hat.* (Johannes 3,16.)

1. Jesus das A – der Erste

Und nun finden Sie dieses »*ego eimi*«, dieses »*Ich, ich bin*« noch einmal im letzten Buch der Bibel, in der Offenbarung. Dort spricht es nicht der Rabbi von Nazareth, dort spricht es der auferstandene und verherrlichte Jesus Christus. Dort ist es mit göttlicher Macht, mit unvorstellbarem Glanz verbunden. Da ist niemand entsetzt. Da kommt keiner auf den Gedanken, es infrage zu stellen. Da ist alles diskussionslos klar. Und der, der das erlebt, schreibt: »*Als ich ihn sah, fiel ich wie tot vor seine Füße. Aber er legte seine rechte Hand auf mich und sagte: Fürchte dich nicht! Ich bin der Erste und der Letzte …*« (Offenbarung 1,17). Ich wiederhole: »*Als ich ihn sah, fiel ich wie tot vor seine Füße.*« Ich möchte Sie dabei auf Folgendes aufmerksam machen: Als Jesus damals in der Öffentlichkeit auftrat, folgten ihm viele nach. Die Bibel spricht von zweiundsiebzig, die er aussandte, das Evangelium vom Reich Gottes zu verkündigen. Zwölf Männer aber wählte er in besonderer Weise aus und nannte sie seine Apostel. Sie waren drei Jahre mit ihm zusammen. Unter ihnen waren drei, Petrus, Johannes und Jakobus, die seine engsten Mitarbeiter waren. Sie durften dabei sein, als er ein totes Kind auferweckte (Lukas 8,41-56), und er nahm sie mit auf »*den Berg der Verklärung*«, auf dem Mose und Elia erschienen und mit ihm sprachen (Matthäus 17,1-2). Einem aber unter diesen drei Jüngern öffnete sich Jesus in ganz besonderer Weise. Es war Johannes. Die Bibel berichtet, dass er der Jünger war, den Jesus liebte (Johannes 21,20). Und diesem Jünger Johannes erscheint Jesus Christus fünfzig Jahre nach seiner Auferstehung.

Und nun stelle ich mir diese Begegnung so vor: Johannes sieht Jesus Christus nach einer so langen Zeit der Trennung wieder. Tief bewegt und begeistert eilt er auf ihn zu. »Mein Herr!«, ruft er und wirft sich in seine Arme. Geschah es so? Nein! Johannes selbst berichtet das völlig anders: »*Als ich ihn sah, fiel ich wie tot vor seine Füße.*« Warum das? Sie waren doch Freunde! Antwort: Vor ihm stand nicht der Jesus von Nazareth, den Johannes so gut kannte, sondern vor ihm stand der majestätische Christus, der verherrlichte Sohn Gottes, der Weltvollender. Vor ihm stand »*der Erste und der Letzte*«, und ein unvorstellbarer Glanz der göttlichen Dimensionen ging von ihm aus.

Vergessen Sie das nicht, wenn Sie von Jesus sprechen. Sehen Sie nicht nur und nicht zuerst Jesus von Nazareth, den Menschen, der vor 2000 Jahren in Israel lebte, sondern bedenken Sie, dass er jetzt der »Kyrios« ist, der Herr im umfassenden Sinn. Er allein hat das Recht und er hat die absolute Autorität, zu sagen: »*Ich bin der Erste.*« Wer den Namen Jesus ausspricht und wer über Jesus spricht, der darf die Selbstaussage von Jesus immer vor Augen haben: »*Ich bin der Erste.*« Dabei sollten Sie Folgendes festhalten: Jesus Christus ist nicht nur in der Weise der Erste, dass er am Anfang der gesamten Schöpfung steht, sondern er ist der Erste, weil Gott, der Vater, ihm alles übergeben hat. Er ist das Haupt, die Spitze, die

Schlüsselfigur. Die Bibel erklärt: *»Jetzt ist er als Herrscher eingesetzt über jede weltliche Regierung, Gewalt, Macht und jede Herrschaft und über alles andere, in dieser wie in der zukünftigen Welt. Gott hat alles der Herrschaft von Christus unterstellt und hat Christus als Herrn über die Gemeinde eingesetzt«* (Epheser 1,21.22).

»Haupt«-Rolle?

Welche Rolle spielt Jesus Christus in Ihrem Leben? Hat er die »Haupt«Rolle oder spielt er nur eine Nebenrolle? Ich habe Menschen kennen gelernt, in deren Leben er nicht mehr war als ein religiöser Statist. Er wurde bei einigen festlichen Anlässen des Lebens »aufgestellt« – bei der Taufe, der Konfirmation, der Trauung und dann noch einmal bei der Beerdigung als würdevoller Abschluss des Ganzen. Solche Leute fallen aus allen Wolken, wenn man sie auf ihre Beziehung zu Jesus anspricht. Wenn sie merken, dass eine solche Frage ernst gemeint ist, dann verschanzen sie sich hinter Schlagworten wie »Ich habe schon meinen Glauben« oder »Religion ist Privatsache«.

Neulich wurde eine Frau geradezu wild, als ich sie zu einer christlichen Veranstaltung einlud und dann versuchte, mit ihr ein Gespräch über den christlichen Glauben zu führen. »Ich rede doch nicht mit jedem Dahergelaufenen über Gott«, fauchte sie. Als ich ihr dann erklärte, dass ich Pastor sei, wurde sie noch ärgerlicher. Ein richtiger Pastor würde solche Gespräche nicht auf der Straße führen, meinte sie, dazu sei ja schließlich die Kirche da – und damit war die Gesprächsbereitschaft beendet.

Während einer christlichen Jugendkonferenz hatten wir einen Raum speziell für das Gebet reserviert. Vom frühen Morgen bis in die späte Nacht beteten hier junge Menschen. In ein Körbchen konnten schriftlich formulierte Gebetsanliegen gelegt werden. Am Ende der Konferenz nahm ich einige der Gebetszettel mit. Sie sind ein selbstsprechendes Zeugnis für Menschen, in deren Leben Jesus der Erste ist.

Ein Mädchen schreibt: »Betet für meinen Vater. Ihm ist der Glaube unwichtig. Betet darum, dass mein Vater die Erkenntnis bekommt, dass Gott das Wichtigste überhaupt ist.«
Auf einem anderen Gebetszettel steht: »Meine Eltern haben sich noch nicht für Jesus Christus entschieden. Bitte betet darum, dass sie den so wichtigen Schritt wagen.«

Die entscheidende Lebenskorrektur beginnt damit, dass Sie den, der der Erste in Gottes Schöpfung ist, bitten, auch der Erste in Ihrem Leben zu werden. Das ist der Start in ein neues Leben, der Start, der zu einer neuen Lebenseinstellung und zu einem neuen Lebensstil führt. Ihr Leben kann nur dann zu einem erfüllten Leben werden, wenn Sie Jesus Christus darum bitten. Dabei ist allerdings eine Vorentscheidung wichtig, die ich Ihnen nicht verschweigen darf: Sie selbst müssen bereit sein, auf die »erste Rolle« zu verzichten. Das hat Jesus selbst einmal sehr deutlich zum Ausdruck gebracht. Er sagte: »*Wer von euch mir nachfolgen will, muss sich selbst verleugnen und sein Kreuz auf sich nehmen und mir nachfolgen*« (Matthäus 16,24).

Aber auch das möchte ich betont sagen: Wenn Jesus Christus der Erste in Ihrem Leben wird, dann werden Sie keine fromme Marionette und Sie werden kein religiöser Roboter. Der Sohn Gottes versklavt Sie nicht. Er macht Sie nicht zu einem willenlosen Werkzeug. Ganz im Gegenteil: Er entfaltet Ihr Leben und setzt die Ihnen gegebenen Fähigkeiten zur Ehre Gottes frei. Er befähigt Sie, für andere liebend da zu sein.

2. Jesus das O – der Letzte

Die Frage nach dem Ziel allen Seins war schon immer eine der großen Menschheitsfragen. Was hilft schon der gelungenste Start, wenn das Ziel verschwommen ist? Bereits die kleinen Ziele, die Teilziele des Lebens, sind Ansporn und setzen Energien frei. Ein Realschulabschluss, die Fahrschulprüfung, eine geplante Urlaubsreise und vieles mehr. Christsein hat nicht nur einen klaren Start, sondern auch ein klar umrissenes Ziel. Jesus Christus hat nicht nur gesagt: »Ich bin der Erste« – er hat auch gesagt: »Ich bin der Letzte.«

Alles findet in ihm letzte Erfüllung. Alles steuert auf ihn zu.

Wer jedoch Jesus Christus bewusst aus seinem Leben ausklammert, wird auch im Blick auf das Lebensziel vor einem »schwarzen Loch« stehen. Was da junge Leute vor Jahren an die Wand sprühten: »no hope, no future«, keine Hoffnung, keine Zukunft, war nur die Spitze des Eisbergs der Hoffnungslosigkeit, die das Klima unserer Erde prägt.

Hoffnungsvolle Zukunft

Wie ganz anders klingt da das Bekenntnis des Apostels Paulus: *»Ich bin überzeugt: Nichts kann uns von seiner Liebe trennen. Weder Tod noch Leben, weder Engel noch Mächte, weder unsere Ängste in der Gegenwart noch unsere Sorgen um die Zukunft, ja nicht einmal die Mächte der Hölle können uns von der Liebe Gottes trennen. Und wären wir hoch über dem Himmel oder befänden uns in den tiefsten Tiefen des Ozeans, nichts und niemand in der ganzen Schöpfung kann uns von der Liebe Gottes trennen, die in Christus Jesus, unserem Herrn, erschienen ist«* (Römer 8,38.39).

Ich möchte die Aussage »*... die in Christus Jesus, unserem Herrn, erschienen ist*« besonders betonen. Niemand hat das Recht, dieses zukunftsgewisse Wort für sich in Anspruch zu nehmen, wenn er nicht sagen kann und es vielleicht auch nicht sagen möchte: »Jesus Christus ist mein Herr.« Die Lebensübereignung an Jesus Christus ist der Schlüssel für eine sinnvolle Zukunft. Er ist der Erste und der Letzte.

Vor einiger Zeit führte ich ein bewegendes Gespräch mit einer jungen Frau. Sie hatte in der ehemaligen DDR alles stehen und liegen lassen und war nach der Öffnung der Grenze in die Bundesrepublik gekommen. In einem Übergangswohnheim wurde sie von Christen zu einer Evangelisation eingeladen, die in einer Kongresshalle des Ortes stattfand. Dort hatte sie sich nach einem Seelsorgegespräch Jesus Christus übereignet. Am darauf folgenden Tag sagte sie ergriffen: »Jetzt erst habe ich das, was ich immer schon gesucht habe. Der Schritt über die Grenze und die ersten Erfahrungen in der freien Welt waren für mich schon ein unvergessliches Erlebnis. Aber die Gewissheit, Jesus Christus zu gehören, stellt das alles in den Schatten. Ich bin so erfüllt. Ich weiß nicht, wie mein Leben weiter verlaufen wird. Alles ist unsicher, und doch habe ich keinerlei Bedenken im Blick auf die Zukunft. Ich weiß, dass Jesus Christus mich führt.«

Diese Gewissheit, diese innere Klarheit können auch Sie erhalten, wenn Sie Jesus Christus darum bitten, A und O, Anfang und Ende, der Erste und der Letzte in Ihrem Leben zu sein.

3. Jesus – der Lebendige

Christen verehren keinen »großen Toten«, und sie verehren keine berühmte Gestalt der Geschichte. Christen verehren den Einen, der gesagt hat: »*Ich bin lebendig für immer und ewig!*« und der denen, die ihm nachfolgen, versichert hat: »*Ich bin immer bei euch, bis ans Ende der Zeit*« (Matthäus 28,20). Hautnah ist also Jesus Christus, und er ist zugleich in uns durch den Heiligen Geist. Das ist faszinierend. Das ist das absolut Neue im Gegensatz zu allen anderen Religionen. Wenn ich am Morgen erwache, kann ich sagen: »Danke, Jesus, dass du da bist.« Wenn ich zu Hause bei meiner Familie bin oder wenn ich unterwegs bin, im Auto, im ICE, im Flugzeug, ich weiß, dass er dabei ist. Probleme, Freuden, Spannungen, Lob, Versagen, Erfolg ... – bei allem, was das Leben ausmacht und was das Leben ist, ist er da. Nichts ohne ihn. Kein Verlassensein, kein hilfloses Herumhängen – Jesus, der Erste und der Letzte und der Lebendige, ist auch der Gegenwärtige.

ER ist da

Von Mose sagt die Bibel: »*Durch den Glauben verließ Mose das Land Ägypten. Er hatte keine Angst vor dem König, sondern ging unerschütterlich weiter, weil er den Blick fest auf den richtete, der unsichtbar ist*« (Hebräer 11,27). Keine Frage, das muss eingeübt werden. Es klingt paradox, aber lassen Sie es mich einmal so ausdrücken: Weil wir ihn nicht sehen, können wir ihn übersehen. Und die Gefahr dieses Übersehens ist, dass wir dann nur mit unseren eigenen Fähigkeiten rechnen. Das aber engt unser Leben schrecklich ein. Dann geht es uns so wie jenem Mann, der glaubte, sein Geld vergessen zu haben und darum hungrig und frustriert durch die Großstadtstraßen lief, an Gasthäusern und duftenden Imbissstuben vorbei. Verzweifelt beinah – dabei steckte die Geldtasche in seiner Jacke. Ärgerlich so etwas.

Jesus Christus hat darum dieses »*Ich, ich bin*« so oft und so betont ausgesprochen, dass wir uns seine Gegenwart in jeder Lage bewusst machen. ER ist da! Heute will ich wieder mit ihm rechnen und diesem Wort voll vertrauen:

> *»Ich bin der Erste und der Letzte*
> *und der Lebendige.*
> *Ich war tot, und siehe, ich bin lebendig*
> *für immer und ewig!«*

Jesus – Lebensmittel

ICH BIN das BROT –
Es ist genug für alle da

Ich bin das BROT des Lebens.
Wer zu mir kommt,
wird nie wieder hungern.
Wer an mich glaubt,
wird nie wieder Durst haben.

Mich hat schon immer die Geschichte fasziniert, in der berichtet wird, wie Jesus Christus mit nur fünf Broten und zwei Fischen Tausende von Menschen speiste – ein unglaubliches Wunder. Ich kann mir diese Szene lebhaft vorstellen: Es war ein Festival der Freude. Jesus hatte viele Blinde sehend gemacht. Gelähmte – vor wenigen Stunden noch an die Trage gefesselt – sprangen jauchzend umher. Dort erzählte ein ehemals Aussätziger einer atemlos lauschenden Zuhörergruppe das Wunder seiner Heilung. Sie alle zeigten auf Jesus. Er hatte sie berührt. Er hatte sie befreit. Er hatte ihnen Hoffnung und Liebe geschenkt. Nun ging dieser wunderbare Tag zu Ende.

Um Jesus herum standen seine zwölf engsten Mitarbeiter. Bei ihnen jedoch war im Moment wenig von Freude zu spüren. Sie waren nicht happy. Im Gegenteil – sie waren völlig ratlos. Soeben hatte Jesus zu einem von ihnen, Philippus mit Namen, gesagt: »Wo können wir genügend Nahrung kaufen, damit alle diese Leute satt werden?«

Fünftausend Männer, Frauen und Kinder nicht mitgerechnet, also für mehr als zehntausend Menschen Abendbrot, das ist doch absolut unmöglich. Einer von den Jüngern hat es möglicherweise Jesus vorgehalten: »Erstens fehlt uns das Geld. Zweitens gibt es keinen Supermarkt in der Nähe, der so viel anzubieten hat. Und drittens könnten wir eine solche Riesenmenge gar nicht herbeischleppen.«

Jeder dachte so. Wie konnte nur Jesus auf eine solch abwegige Idee kommen: Abendessen für mehr als Zehntausend?«

Plötzlich schiebt sich einer der Mitarbeiter durch die diskutierende Runde. Er zieht einen Achtjährigen hinter sich her. »Herr«, sagt er, »*hier ist ein kleiner Junge mit fünf Gerstenbroten und zwei Fischen. Doch was nützt uns das bei so vielen Menschen?*«

Verlegenes Lächeln bei den einen, aufkommender Ärger bei den anderen. Was soll diese unsinnige Plänkelei? Jetzt war doch wirklich nicht die Zeit, um Witze zu machen. Fünf Brotfladen und zwei Fische – das reichte gerade für zwei von ihnen.

»Wir sollten hier nicht herumalbern«, sagte einer, »sondern dafür sorgen, dass die Leute ihre Sachen packen und nach Hause gehen.« Das fand allgemeine Zustimmung. Einige wollten schon diesen vernünftigen Tipp in die Tat umsetzen. Aber Jesus pfiff sie zurück. »Sorgt dafür, dass die Leute sich setzen«, sagte er. Dann nahm er einen Brotfladen aus der Hand des Jungen, sah nach oben und dankte Gott dafür. Er brach ihn und gab je eine Hälfte einen seiner Jünger. Danach nahm er den zweiten Brotfladen, brach ihn und gab die Hälften ebenfalls weiter. So nahm er die fünf Brote aus der Hand des Jungen und teilte sie auf. Schließlich hatten zehn von ihnen je einen halben Brotfladen. Den zwei noch mit leeren Händen dastehenden Jüngern gab er die beiden Fische. Und dann hörten sie die unglaubliche Anweisung aus dem Mund von Jesus: »*Geht jetzt zu den Menschen und gebt ihnen zu essen.*«

Die Gruppe setzt sich in Bewegung – und ich bin absolut sicher, dass sie nicht mit Begeisterung losmarschierten. Im Gegenteil: Vielleicht wünschten sich einige jetzt das berühmte Mauseloch. Sie fühlten sich ziemlich elend. Das musste schief gehen und dann waren sie die Blamierten.

Den ersten Gästen brachen sie etwas von dem halben Brotfladen ab und entschuldigten sich dabei, »sie müssten rationieren«. Aber dann machten sie eine sensationelle Entdeckung: Das Brot in ihren Händen wurde nicht weniger. Sie trauten ihren Augen kaum – und plötzlich begriffen sie, was hier geschah: ein Wunder! Ein atemberaubendes Wunder! Wie ein Lauffeuer breitete es sich unter den Tausenden aus. Fünf Brote waren es gewesen und zwei Fische, und jetzt aßen alle. Die Begeisterung war grenzenlos. Das hatte es in Israel noch nie gegeben!

Als die Sonne am Untergehen war und die Menschen nach Hause zogen, gab es nur noch ein Thema: der Messias! Das musste der von Gott versprochene Retter sein.

Es war einen Tag später. Wieder versammelte sich eine riesige Menschenmenge. Alle waren voller Erwartungen. Was würde er heute für sie tun? Welche Wunder würden sie heute erleben? Vielleicht hatten manche auf das Frühstück zu Hause verzichtet in der Hoffnung, er würde ihnen ein Superfrühstück servieren. Jesus Christus aber empfing die Menschen mit einem ernüchternden Satz – und es ist ein Satz, den auch Sie unbedingt hören müssen:

»Ich weiß genau, ihr sucht mich nur, weil ihr von dem Brot gegessen habt und satt geworden seid. Doch ihr habt nicht verstanden, dass meine Taten Zeichen sind.« (Johannes 6,26 GNB).

Ich wiederhole: Jesus sagte: *»Ihr habt nicht verstanden, dass meine Taten Zeichen sind.«* Es ging Jesus also am Abend zuvor nicht zuerst darum, dass Tausende satt wurden, sondern sie sollten in diesem Wunder der Brotvermehrung ein göttliches Zeichen sehen. Ein Zeichen ist ein Hinweis. Aber was sollte dieses wunderbare Abendbrot für ein Hinweis sein? Hören Sie Jesus selbst. Er sagte: *»Ich bin das Brot des Lebens. Wer zu mir kommt, wird nie wieder hungern. Wer an mich glaubt, wird nie wieder Durst haben* (Johannes 6,35).

Die Menschen sollten begreifen, dass *er* das Brot ist, das *wirklich* satt macht: Brot für alle. Brot des Lebens. Brot für jeden neuen Tag.

Es geht also nicht um Brot, sondern es geht um Jesus. Das ist bis heute das Aufregende des christlichen Glaubens: Es geht weder um Wunder noch um Wohlstand. Es geht nicht zuerst um das Hier und Jetzt, noch um das Dann und Drüben – es geht zuerst um Jesus. Wer das nicht begreift, hat nichts von dem begriffen, was Gott anbietet. Bereits Jahrhunderte zuvor hat das ein Mann des Glaubens niedergeschrieben: »*Wen habe ich im Himmel außer dir? Du bist mir wichtiger als alles andere auf der Erde*« (Psalm 73,25).

Jesus selbst sagte dazu noch einen zentralen Satz. Hören Sie bitte genau hin: »*Ihr solltet euch um vergängliche Dinge wie Nahrung nicht solche Sorgen machen. Sucht stattdessen, was euch in das ewige Leben führt, das der Menschensohn euch schenken kann. Denn dazu hat Gott der Vater ihn gesandt* (Johannes 6,27). Und Sie haben ja die Deutung aus dem Mund von Jesus gehört. Er ist die Nahrung für ein erfülltes und unvergängliches Leben. Um ihn soll sich der Mensch »bemühen«. Jesus muss im Zentrum Ihres Lebens stehen, dann wird alles gut. Er sagte bei jener Massenversammlung am frühen Morgen: »*Ich bin das lebendige Brot, das vom Himmel herabgekommen ist. Wer dieses Brot isst, wird ewig leben; dieses Brot ist mein Fleisch, ich gebe es, damit die Welt leben kann*« (Johannes 6,51).

Anmaßung

Nun muss ich Ihnen zuerst einen zentralen Begriff der Bibel erklären, der in diesem 6. Kapitel des Johannesevangeliums 18-mal in Bezug auf Jesus Christus genannt wird, den Begriff »Leben«. »*Ich bin das Brot des Lebens*«, sagt Jesus.

Im Neuen Testament werden drei Bezeichnungen für Leben verwendet. Erstens: Für das irdische Dasein verwenden die Schreiber der Bibel an einigen wenigen Stellen den Begriff *BIOS*. Davon wurde das

Wort Biologie abgeleitet. Zweitens: Für die tiefere menschliche Existenz wird das Wort *PSYCHE* gebraucht. Wir kennen den Ausdruck Psychologie. Hier geht es um die Seele des Menschen, um die Empfindungen, Reaktionen und Verhaltensmuster. Drittens: Für eine völlig neue, von Gott geschenkte Lebensqualität verwendet die Bibel die Vokabel *ZOE*. In der Bibel bezeichnet *ZOE* die höchste Stufe des Seins. *ZOE* ist Gottes Leben. Und diesen Begriff *ZOE* – göttliches Leben – finden Sie 18-mal in diesem Kapitel. Jesus sagt: »*Ich bin das Brot der ZOE – ich bin das Brot, das göttliches Leben schenkt.*«

Physisches und psychisches Leben, körperliches und seelisches Leben erhält der Mensch durch Zeugung und Geburt. Die *ZOE*, das übernatürliche und göttliche Leben, ist sozusagen ein späteres Angebot Gottes. Wer dieses Angebot annimmt, wird dadurch zu einem Kind Gottes, wird mit göttlicher Autorität ausgerüstet und hat das Leben, das der Tod nicht mehr vernichten kann. Darum wird dieses Leben auch an einigen Stellen »ewiges Leben« genannt. Und nun – denken Sie sich bitte einmal in dieses Geschehen hinein – steht da der Wanderprediger Jesus von Nazareth vor einer riesigen Menschenmenge und ruft: »*Ich bin das Brot des göttlichen Lebens.*«

Das musste wie eine wahnsinnige Anmaßung von seinen Zuhörern empfunden werden. Kein Wunder, dass viele negativ darauf reagierten: »*Das ist ja ungeheuerlich. Wie kann man das glauben?*« (Johannes 6,60). Aber genau das ist die harte Auseinandersetzung in der Begegnung mit Jesus Christus bis heute.

1. Jesus – das Brot

Stellen Sie sich einmal Folgendes vor, Jesus hätte damals gesagt: »Ich bin die Sahnetorte für einen gemütlichen Sonntagnachmittag« oder »Ich bin eine erfrischende Kaltschale nach dem Mittagessen.« Das würde zwar seltsam klingen, aber genau der Vorstellung vieler Menschen entsprechen. Religion, ein Hauch Frömmigkeit – das war und ist ja auch heute wieder eine respektable Sache. Konfirmation, Trauung, ein ansprechender Weihnachtsgottesdienst – das waren und sind genussvolle Nachtische des Lebens, aber es sind lediglich fromme Randverzierungen. Leben kann man auch ohne das alles. Millionen praktizieren das doch. Sie haben der Kirche und all dem Drum und Dran den Rücken gekehrt. Aber Jesus Christus sprach nicht von Religion, er sagte: Ich bin die Hauptmahlzeit, ich bin das unverzichtbare Brot, ich bin die Grundnahrung für jeden Menschen. Wer leben will, braucht mich. Er hat das damals noch deutlicher gesagt, geradezu schockierend deutlich: »*Wer davon isst, wird nicht sterben. Ich bin das lebendige Brot, das vom Himmel herabgekommen ist. Wer dieses Brot isst, wird ewig leben; dieses Brot ist mein Fleisch, ich gebe es, damit die Welt leben kann. Da fingen die Leute an zu streiten. »Wie kann dieser Mann uns sein Fleisch zu essen geben?«, fragten sie. Deshalb sagte Jesus noch einmal: »Ich sage euch: Wenn ihr das Fleisch des Menschensohnes nicht esst und sein Blut nicht trinkt, könnt ihr das ewige Leben nicht in euch haben. Wer aber mein Fleisch isst und mein Blut trinkt, hat das ewige Leben, und ich werde ihn am letzten Tag auferwecken. Denn mein Fleisch ist die wahre Nahrung und mein Blut der wahre Trank«* (Johannes 6,51-55).

Jesus ist lebensnotwendig! Anders können diese Worte gar nicht verstanden werden. Wie viel Verwirrung und kuriose Vorstellungen gibt es doch gerade an diesem entscheidenden Punkt des christlichen Glaubens.

Peinliches Missverständnis

Da spricht mich nach dem Gottesdienst ein Herr im mittleren Alter ganz begeistert an. Er berichtet von seiner guten Beziehung zum Pfarrer und davon, dass sie sogar per Du miteinander sprächen. Wenn immer er könne, würde er natürlich zur Kirche gehen. Und dann zählte er ausführlich seine guten Taten auf. Ich ließ ihn dreißig Minuten reden, und danach fragte ich ihn höflich, ob er Christ sei. Ich werde das zuerst entsetzte und dann verlegen lächelnde Gesicht dieses Mannes nicht vergessen. Hatte er nicht gerade unter Beweis gestellt, dass er nicht nur ein Durchschnittschrist sei, sondern geradezu ein Superchrist? Und nun eine solche Frage.

»Aber klar«, sagte er, als er sich etwas gefangen hatte. Daraufhin fragte ich zurück: »Wie kommen Sie dazu, sich Christ zu nennen?«

Er schluckte kräftig und sagte: »Das habe ich Ihnen doch gerade ausführlich erklärt.«

»Moment«, entgegnete ich, »Sie haben gerade ausführlich davon gesprochen, was Sie alles tun und wie gut Sie sich mit Ihrem Pfarrer verstehen, aber Sie haben kein Wort davon gesprochen, welche Beziehung Sie zu Jesus Christus haben. Was bedeutet Ihnen eigentlich Jesus?«

»Diese Frage kommt aber sehr überraschend. Da muss ich erst mal nachdenken«, war seine Antwort.

»Richtig, und das sollten wir jetzt gründlich tun.«

Ich habe die Erfahrung gemacht, dass jeder, der erkannt hat, dass Jesus Christus das Brot des Lebens ist, bewegt von Jesus spricht und weniger von sich selbst redet. Man spricht ja immer von dem, was das Leben ausfüllt.

Als Jesus Christus vor 2000 Jahren sagte: »*Ich bin das Brot, das Leben schenkt*«, da haben viele den Kopf geschüttelt und sich dann aus dem Staub gemacht. Die Bibel berichtet, dass nach kurzer Zeit von den Tausenden nur noch zwölf übrig blieben – und das waren seine Schüler. Und Jesus stellte sie mit den Worten in die Entscheidung: »*Und ihr, was habt ihr vor? Wollt ihr auch weggehen?*« (Johannes 6,67; GNB). Sicher waren sie von diesem »fortlaufenden« Erfolg schockiert und gefrustet.

Jesus zwingt keinen, ihn als »das Brot des Lebens« anzuerkennen, keinen. Er sagt, was er ist, und überlässt uns die Entscheidung. Ich habe mich als 19-Jähriger klar und kompromisslos für das Leben entschieden – für Jesus, und ich habe diesen Schritt nie – wirklich nie – bereut. Und ich schreibe diese Zeilen beinahe 50 Jahre danach.

2. Jesus – das Brot für alle

Es gibt Nahrungsmittel, die sind nicht für alle, die können sich nur wenige Privilegierte leisten. Schauen Sie sich einmal die Speisekarte in einem Fünf-Sterne-Hotel an. Diese Küche ist nicht für den »Mann von der Straße«. Aber »Brot« wird überall gegessen – von Armen und Reichen, von Alten und Jungen, von Schwarzen und Weißen. Brot ist für alle. Darum bin ich froh, dass Jesus Christus sich »das Brot« nannte und nicht von irgendeinem lukullischen Gericht sprach. Er ist eben nicht nur für eine theologisch interessierte Oberschicht kompetent. Er ist nicht nur für anlehnungsbedürftige Weicheier da. Er ist nicht nur für religiös Gepolte zuständig. Sie können diese Aufzählung x-beliebig fortsetzen. Ich bin vielen begegnet, die bei Gesprächen über Jesus Christus so oder ähnlich reagierten: »Herr Pfarrer, am besten Sie unterhalten sich mit meiner Frau über solche Sachen. Die interessiert sich dafür. Jedem das Seine.« Oder: »Sie werden doch um Himmels willen nicht mit einem gläubigen Moslem über Jesus sprechen. Der hat ja seinen Glauben.«

Als ob Jesus Christus »ein Brot unter vielen Broten« sei. Nein! Jesus sagt: »Ich, ich bin *das* Brot.« Der Artikel ist entscheidend. Es charakterisiert das Einmalige. In der Bibel steht: *»In ihm allein gibt es Erlösung! Im ganzen Himmel gibt es keinen anderen Namen, den die Menschen anrufen können, um errettet zu werden«* (Apostelgeschichte 4,12).

»... gibt es keinen anderen Namen, den die Menschen anrufen können.« Sie könnten genauso gut sagen: Auf der ganzen Welt bietet Gott kein anderes Brot an. Das berechtigt mich und ermutigt mich, mit allen Menschen über Jesus zu sprechen und sie dazu aufzufordern, ihm zu vertrauen.

Jesus in St. Pauli
Ich entsinne mich noch gut daran, wie ich zum ersten Mal in St. Pauli vor Stadtstreichern predigte. Der Geruch, die kaputten Gesichter, das Wissen, dass die meisten alkoholabhängig sind – dies alles belastete und verunsicherte mich. Sollte ich ihnen wirklich Jesus als Brot des Lebens anbieten? War das nicht ein sinnloses Unterfangen? War Jesus für solche Außenseiter da? Später, als die ersten Stadtstreicher nach Jesus griffen und sich total für ihn öffneten, habe ich mich für dieses Denken geschämt. Jesus wurde für alle, die sich ihm anvertrauten, das Brot, das sie so satt machte, dass sie die Flasche weglegen konnten und die Kraft erhielten, ihr verkorkstes und vergammeltes Leben aufzugeben und noch einmal völlig neu zu beginnen. Wenn jemand Parkbank 17 sein Zuhause nennt und nur vom Sozialamt, von der Suppe der Heilsarmee und vom Stehlen lebt und jetzt einer geregelten Arbeit nachgeht und eine Wohnung sein Eigen nennt, dann ist eine solche Veränderung nur aus der Kraft dieses »Brotes vom Himmel« zu erklären. Jesus ist die Nahrung, die ein neues Leben möglich macht.

Jesus unter Privilegierten

Ein Unternehmer gab für seine Geschäftspartner ein Bankett und lud mich dazu ein. Ich sollte einen Vortrag über den christlichen Glauben halten. Da stand ich vor Architekten und Managern. Karriere und Wohlstand waren für sie das Alltägliche. Auch hier war ich zuerst unsicher. Würde meine Predigt über Jesus Christus auf solche Leute nicht so banal wirken wie ein Stück Brot nach einem Festessen? Nach meiner Ansprache aber baten mich einige um ein Gespräch unter vier Augen. Dabei entdeckte ich, dass sie Hunger hatten, Hunger nach wirklichem Leben, Hunger nach Jesus Christus.

Jesus für Gruftis

Vor einiger Zeit saß ich neben einem Siebzehnjährigen. Er berichtete mir, dass er zu den Gruftis gehörte, und erzählte davon, wie sie um Mitternacht in den Leichenhallen ihr Unwesen trieben. Aber am Abend zuvor war ihm die ganze Abwegigkeit und Perversion seines Lebens zum Bewusstsein gekommen. Er meldete sich nach meinem Vortrag beim Ruf zur Entscheidung für Christus. Vor einem Seelsorgemitarbeiter sprach er sein erstes Gebet. Er bat Jesus, jetzt sein Leben zu übernehmen und all das Dunkle in ihm zu entfernen. Jesus erhörte diese Bitte. Als er nun mir in jenem Beichtgespräch gegenübersaß, um seine belastete und dämonisierte Vergangenheit endgültig über Bord zu werfen, konnte ich in meinem Herzen nur immer wieder »Danke,

Jesus« sagen und »Du bist wirklich das kraftvolle Brot des Lebens«. Hier hatte ein schon beinahe Verhungerter zugegriffen und gegessen. Äußerlich sah jener Junge noch aus wie ein Grufti, beinahe zum Fürchten, aber seine Augen leuchteten. Er war zum ersten Mal in seinem Leben satt geworden.

Jesus für alle
Hören Sie noch einmal diese Aussage, die für alle Menschen aller Kontinente und aller Jahrtausende verbindlich ist: *»Ich bin das Brot des Lebens (ZOE). Wer zu mir kommt, wird nie wieder hungern. Wer an mich glaubt, wird nie wieder Durst haben.«*

Das gilt auch für Sie. Jesus möchte Ihnen ein erfülltes Leben schenken. Keinen Hunger mehr, keinen Durst mehr. Wenn ich durch die Straßen unserer Städte gehe, dann sehe ich so viele hungrige und durstige Menschen. Manchmal wünsche ich mir, es gäbe eine Kamera, die Bilder von der Seele des Menschen machen könnte. Es wären erschreckende Bilder, Bilder von bis aufs Skelett abgemagerten Seelen, wandelnden Leichen. Verhungert – mitten im Wohlstand.

Es muss noch einmal laut und mit allen uns zur Verfügung stehenden Möglichkeiten gerufen werden: »Jesus ist das wahre Brot des Lebens.« Wir sollten unsere Gottesdienste gelegentlich auf die Fußgängerzone unserer Städte verlegen. Während wir als Christen in unseren »luxuriösen religiösen Hotels« schlemmen, verhungern auf den Straßen die

Massen. Der Lazarus liegt vor der Tür unserer Kirchen. Sehen wir ihn noch? Oder beschäftigten uns die sterbenden Bäume mehr als die verhungernden Menschen? Es muss uns wieder voll zum Bewusstsein kommen, dass jeder ohne Jesus hoffnungslos verloren ist. Er ist das wahre »Brot für die Welt« – und es ist genug für alle da.

Und dazu noch diese Bemerkung: Hier muss nicht ängstlich rationiert werden. Für dieses Brot sind keine Lebensmittelkarten nötig, und niemand muss Schlange stehen. Als die Jünger damals behutsam und ängstlich die ersten Brocken abbrachen und sie verlegen austeilten, hatten sie keine Ahnung von der Fülle, die in den von Jesus gesegneten Broten lag. Sie haben das dann allerdings sehr schnell gemerkt. Auch ich möchte mir das jeden Tag neu bewusst machen: genug für alle – wirklich genug, und mit dieser Gewissheit und Freude will ich den Menschen begegnen.

3. Jesus – das Brot für alle zum Essen

Das muss man ja einem Hungrigen nicht erst lang und breit erklären, dass das Brot, das er in den Händen hält, zum Essen da ist. Jeder hat das von klein auf gelernt, dass man so etwas zwischen die Zähne schiebt, kaut und dann hinunterschluckt. Brot ist normalerweise kein Anschauungsmaterial und kein bestaunenswerter Gegenstand. Die christliche Kirche ist kein Brotmuseum. Brot hat erst dann seinen Zweck erfüllt und hat erst dann seine Wirkung, wenn es in uns hineinkommt. Warum sage ich diese banalen Dinge? Begründung: Weil das zwar beim Essen und Trinken klar ist, aber noch lange nicht im christlichen Glauben.

Über Jesus diskutiert man, ihn bestaunt man oder lässt ihn links liegen, über ihn informiert man sich und setzt sich gegebenenfalls auch für ihn ein. Jesus aber nennt sich »das Brot des Lebens« – und Brot ist zum Essen da. Jesus sagte: »*Wenn ihr das Fleisch des Menschensohnes nicht esst und sein Blut nicht trinkt, könnt ihr das ewige Leben nicht in euch haben*« (Johannes 6,53).

Übertragen Sie das bitte. Jesus Christus möchte in Sie hineinkommen. Das ist doch die logische Schlussfolgerung dieser Aussage. Dabei geht es natürlich nicht um Ihren Magen, sondern um Ihr Herz, um das personale Zentrum. Hören Sie dazu noch zwei Texte der Bibel. Der Apostel Paulus schreibt: »*Ich lebe, aber nicht mehr ich selbst, sondern Christus lebt in mir*« (Galater 2,20). »*Das ist das Geheimnis: Christus lebt in euch*« (Kolosser 1,27).

Mehr als Abendmahl

Hier zunächst ein wichtiger Hinweis an alle, die noch zur Kirche gehen: Bringen Sie bitte diese Sätze nicht so schnell mit dem Abendmahl oder der Kommunion in Verbindung. Das wäre eine geradezu verhängnisvolle Fehldeutung.

»Ich nehme Jesus in jeder Messe in mich auf«, sagte jemand. »Und wie funktioniert das?«, wurde zurückgefragt. »Indem ich die Oblate schlucke«, war die Antwort. Daraufhin wurde weitergefragt: »Und wohin gelangt die Oblate? In Ihren Magen oder in Ihr Herz?« Betretenes Schweigen folgte. – Ich möchte hier keine kirchliche Handlung entwerten oder gar lächerlich machen. Aber ich möchte auf eine Gefahr hinweisen: Man darf ein Symbol nicht mit der Realität verwechseln. Ich zitiere dazu die Bibel: *»Und ich bete, dass Christus durch den Glauben immer mehr in euren Herzen wohnt«* (Epheser 3,17).

Das Abendmahlsbrot oder die Oblate sind doch nicht der auferstandene Jesus Christus. Sie sind Zeichen. Als Jesus seinen Zuhörern zurief: *»Ihr habt keinen Anteil am Leben, wenn ihr den Leib des Menschen nicht esst«* (Johannes 6,53 GNB), da wollte er doch damit die Leute nicht auffordern, ihn real zu essen. Eine solche Deutung wäre absurd. Ich sprach von Übertragung. Jesus redete in Bildern. Darum noch einmal die Deutung des Bildes: Den Leib von Jesus essen heißt, ihn in sich aufzunehmen. Aber wie macht man das?

Ein junger Mann sagte zu mir nach einem Vortragsabend: »Ich leite in unserer Kirchengemeinde die Jungschar, ich bete, ich lese auch in der Bibel, aber als ich Sie heute Abend hörte, wusste ich, dass ich noch nicht Christ bin. Es war so klar. Plötzlich habe ich alles verstanden.«

»Dann ist es Deine Stunde«, antwortete ich. Gott hat Dich berührt. Ich möchte Dir eine Frage stellen: »Hindert Dich etwas daran, jetzt Jesus Christus das entscheidende Ja zu geben und Dich ganz klar auf seine Seite zu stellen?«

»Nein«, sagte er. »Es hindert mich nichts.«

Dann stelle ich Dir eine zweite Frage: »Willst Du jetzt Dein Leben Jesus anvertrauen?«

Nach einer kurzen Überlegungszeit kam die Antwort: »Ich will das jetzt.«

Wir verließen den Saal und gingen in einen angrenzenden Raum. Dort hat er in einem Gebet die wichtigste Entscheidung getroffen, die ein Mensch überhaupt treffen kann.

Ihn aufnehmen

»Mein Freund ist dem christlichen Glauben gegenüber sehr aufgeschlossen«, sagte mir eine junge Frau. »Aber ich habe den Eindruck, dass er nicht weiß, wie man es anfangen kann, ich meine das mit dem ›Jesus aufnehmen‹. Und ich kann ihm das auch nicht so richtig erklären.«

Eine ältere Dame berichtet in einem Gespräch: »Meine Mutter hat uns sehr fromm erzogen, und ich lese täglich Luthers Abend- und Morgensegen. Ich glaube schon von Kindesbeinen an Jesus. Aber es ist mir völlig unverständlich, wie ich Jesus Christus aufnehmen kann.«

Das scheint also das Problem zu sein. Wie man Brot isst, das ist klar, aber wie soll man Jesus »essen«? Was muss man tun, dass er in unser Leben kommt?

Ich kenne keinen anderen Weg als den, dass ein Mensch Jesus Christus in einem Gebet darum bittet.

So jedenfalls habe ich es erlebt, und ich habe das bei vielen anderen miterlebt. Manche sprachen nur den einen Satz: »Herr Jesus, komm jetzt in mein Herz und übernimm du die Führung meines Lebens.« Und danach wurden sie von Freude erfüllt und waren gewiss, dass es geschehen ist.

Bei einer Evangelisation hatten sich einige Mitarbeiter und Mitarbeiterinnen der einladenden Gemeinde Urlaub genommen. Sie gingen mit von Haus zu Haus, führten Gespräche und gaben Einladezettel weiter. Unter ihnen war auch eine junge Frau. Am Schluss des letzten Vortragsabends kam sie zu mir und sagte: »Jetzt will ich Jesus in mein Leben aufnehmen.«
»Wie bitte?«, fragte ich verwundert. »Sie haben doch super mitgearbeitet. Haben Sie noch keine Entscheidung für Jesus getroffen?«
Ihre Antwort: »Ich war ein aktive Mitläuferin. Aber jetzt will ich klare Sache machen.«
Wir suchten uns einen Platz hinter dem Altarraum, an dem wir ungestört sprechen konnten. Aber es brauchte keine langen Erklärungen. Sie wusste alles. Sie hatte das Evangelium im Kopf, aber sie hatte Jesus Christus nicht im Herzen. Nachdem sie in einem Gebet Jesus Christus bat, der Mittelpunkt in ihrem Leben zu werden, erhob sie sich, strahlte mich an und sagte: »Jetzt ist alles klar. Endlich!« Vor der Kirche umarmte sie stürmisch ihre Freundin und erzählte ihr, dass sie jetzt die wichtigste Entscheidung ihres Lebens getroffen habe.

Wenn Sie Jesus Christus noch nicht in Ihr Herz aufgenommen haben, dann tun Sie es jetzt. Nehmen Sie ihn als »Brot des Lebens« an, und Sie werden die Wahrheit dieses Wortes erleben:

> *»Ich bin das Brot des Lebens.*
> *Wer zu mir kommt,*
> *wird nie wieder hungern.*
> *Wer an mich glaubt,*
> *wird nie wieder Durst haben.«*

Jesus – Lebenslicht

ICH BIN das LICHT –
Keiner muss im Dunkeln irren

*Ich bin das LICHT der Welt.
Wer mir nachfolgt, braucht nicht
im Dunkeln umherzuirren,
denn er wird das Licht haben,
das zum Leben führt.*

Es war im Tempel in Jerusalem, als Jesus Christus dieses Bildwort vom Licht sprach: *»Ich bin das LICHT der Welt. Wer mir nachfolgt, braucht nicht im Dunkeln umherzuirren, denn er wird das Licht haben, das zum Leben führt«* (Johannes 8,12).

Die religiöse Elite umringte ihn, nicht etwa weil sie von ihm lernen wollten. Im Gegenteil: Sie lauerten ihm auf. Sie warteten auf eine Aussage, die ihnen das Recht gab, ihn festzunehmen, ihn zu linken. Jesus passte absolut nicht in ihr Konzept. Was hatte er soeben wieder vom Stapel gelassen: *»Ich, ich bin das Licht der Welt.«*? Eine Ungeheuerlichkeit. Ein Wanderprediger aus Nazareth – und Licht der Welt?

Ich möchte Ihnen diese Selbstaussage von Jesus aus dem Originaltext – der Weltsprache damals – übersetzen. Dann erst werden Sie das Aufregende dieses Satzes ganz erfassen können. Jesus sagte: *»Ich, ich bin das Licht des Kosmos.«* Es wäre schon aufregend gewesen, wenn er gesagt hätte: »Ich bin das Licht für Jerusalem« oder: »Ich bin das Licht Israels« oder: »Ich bin das Licht im Römischen Imperium«. Aber Jesus sprach vom Kosmos, und das geht doch weit über alles hinaus, das hat etwas mit dem Universum zu tun. Diese Aussage sprengte den Denkhorizont seiner Zeitgenossen. War das nicht eine unglaubliche Hochstapelei? Hier stand ein Mensch, und er sprach davon, dass er in letzter Ausschließlichkeit das Licht für den gesamten Kosmos ist. Wahnsinn so etwas. Wie lange sollten sie sich dieses anmaßende Gerede noch gefallen lassen?

▪ Provokation ▪

Ich habe versucht, in wenigen Sätzen die Stimmung wiederzugeben, die damals im Tempel geherrscht haben muss. Wie gesagt, das war damals – vor beinahe 2000 Jahren. Wir aber leben an der Schwelle zum 21. Jahrhundert. Wir haben einen anderen Denkhorizont und andere Erfahrungswerte. Wie ordnen wir heute diese Selbstaussage von Jesus vom »Licht des Kosmos« ein? Ist sie nicht auch für uns eine unwahrscheinliche Herausforderung? Jesus Christus und »Licht des Kosmos«?

Gab es nicht viele »Lichter« am Horizont der Geschichte? Menschen, die Großartiges geleistet haben. Menschen, die in aufopfernder Liebe sich selbst verschenkt haben. Stars – im wahrsten Sinne des Wortes. Und nun diese Verabsolutierung vom »Licht des Kosmos«.

In der Begegnung mit Jesus Christus kommt alles darauf an, wie er gesehen wird. Wenn Sie in Jesus

Christus nur einen Menschen sehen, vielleicht eine ganz besondere Ausgabe Menschen, einen Supermenschen oder einen Übermenschen, dann muss dieser Satz nivelliert und infrage gestellt werden. Wenn Jesus Christus aber das war und ist, was er gerade in diesen Worten »Ich, ich bin« zum Ausdruck brachte, nämlich Gottes Sohn, dann ist diese Selbstaussage vom »Licht des Kosmos« ein ungewöhnlich befreiender Satz. Ich möchte Sie bitten, das einmal ohne Vorurteile und ohne vorgefasste Meinung zu hören, vielleicht so, als würden Sie diesen Satz jetzt zum ersten Mal vernehmen.

»*Niemand muss im Dunkeln umherirren*«, verspricht Jesus denen, die bereit sind, mit ihm zu gehen. Das ist atemberaubend. Beachten Sie dazu zunächst einige ungewöhnliche Aussagen der Bibel zum Thema »Dunkelheit und Finsternis«:

· »*Ihnen sollen die Augen geöffnet werden, damit sie sich vom Dunkel zum Licht und aus der Macht Satans zu Gott bekehren*« (Apostelgeschichte 26,18).
· »*Denn er hat uns aus der Macht der Finsternis gerettet und in das Reich des geliebten Sohnes versetzt*« (Kolosser 1,13).
· »*Macht nicht gemeinsame Sache mit Ungläubigen. Wie kann die Gerechtigkeit sich mit der Gesetzlosigkeit zusammentun? Wie kann das Licht mit der Finsternis zusammenleben? Welche Übereinstimmung kann es zwischen Christus und dem Teufel geben?*« (2. Korinther 6,14.15).
· »*So seid ihr ein lebendiges Beispiel für die Güte Gottes, denn er hat euch aus der Finsternis in sein wunderbares Licht gerufen*« (1. Petrus 2,9).

Es ist Ihnen sicher aufgefallen, dass Licht und Finsternis in diesen Texten personifiziert dargestellt werden. Jesus nennt sich »das Licht des Kosmos«. Keiner käme auf den Gedanken, dabei an eine Neonröhre oder an eine Glühbirne oder an einen Scheinwerfer zu denken. Das Licht, von dem hier die Rede ist, ist also keine Sache, sondern eine Person. So hat Jesus sich verstanden. Dagegen wird wohl niemand protestieren. Jesus Christus – das Licht des Kosmos. Aber kritisch wird es, wenn auch die Finsternis in der gleichen Weise personifiziert wird. Die einleuchtende Formel lautet dann: Finsternis ist Satan. Finsternis wäre dann also nicht nur Verlust des Lichtes, also irgendein hoffnungsloser Lebenszustand wie Angst, Einsamkeit, Depression oder Sucht, sondern eine Person, die all das Dunkle, das Zerstörerische, das Einengende und Bindende verursacht. Beachten Sie auf diesem Hintergrund noch einmal die schon angeführten Bibeltexte. Der Apostel Paulus zum Beispiel fasste seine Beauftragung in der Aussage zusammen, dass Jesus Christus ihn dazu berufen hat, den Menschen die Augen zu öffnen, dass sie sich »aus der Finsternis ins Licht« führen lassen. Und dann erklärt er, was unter Finsternis und Licht zu verstehen ist, indem er sagt: »*... aus der Macht Satans zu Gott bekehren*«. Die Gleichung lautet also: Finsternis = Satan. Licht = Gott. In der Bibel lesen wir: »*Das ist die Botschaft, die er uns gegeben hat, damit wir sie euch weitersagen: Gott ist Licht; in ihm ist keine Finsternis*« (1. Johannes 1,5).

Im zweiten bereits genannten Bibeltext wird das

Ereignis des Christwerdens genauso markant, ja geradezu revolutionär beschrieben. Da wird gezeigt, dass es beim Christwerden nicht nur um einen Gesinnungswandel geht, um eine neue Einstellung zum Leben und um einen neuen Lebensstil, sondern zuerst und zutiefst um einen Herrschaftswechsel. Ich formuliere das einmal so: Ein Mensch kündigt Satan und unterzeichnet einen Anstellungsvertrag bei Christus. Oder noch deutlicher: Ein Mensch wird aus dem Vernichtungslager des Teufels befreit und darf ein neues Leben mit Jesus Christus beginnen. Hören Sie noch einmal den Satz aus der Bibel: *»Denn er hat uns aus der Macht der Finsternis gerettet und in das Reich des geliebten Sohnes versetzt«* (Kolosser 1,13).

Klartext spricht auch die dritte Bibelstelle. In ihr wird das Unvereinbare zwischen Licht und Finsternis, zwischen Christus und Satan angesprochen. Die Grenzen sind haarscharf gezogen. Kooperation ist unmöglich. Wir lesen, dass *»das Licht nicht mit der Finsternis zusammenleben kann«* und dass es darum auch keine *»Übereinstimmung geben kann zwischen Christus und dem Teufel«*. Beachten Sie dabei wieder den Vergleich *Licht und Christus, Finsternis und Satan*.

Diesen Vergleich müssen wir auch auf die Selbstaussage von Jesus anwenden. Wenn er sich das Licht des Kosmos nennt und dann sagt, dass die, die sich ihm anschließen, nicht mehr in der Finsternis umherirren werden, dann heißt das doch in letzter Konsequenz, dass jeder, der ohne Bindung an Christus lebt, dem Satan verfallen ist und ihm unbewusst oder bewusst zur Verfügung steht. Das ist allerdings aufregend und reizt zum Widerspruch. Ist das nicht wieder eine von diesen üblen und undifferenzierten Schwarz-Weiß-Aussagen? Licht und Finsternis. Gott und Satan. Menschen, die mit Christus leben, und Menschen, die noch unter der Herrschaft des Teufels stehen. Ein Kollege sagte mir, dass er nicht in Schwarz-Weiß denkt, sondern mehr in Farbe. Wäre nicht auch an dieser Stelle eine anziehende Farbskala angebracht? Ich möchte mich nicht auf irgendein farbiges Denkschema einlassen, sondern die Schwarz-Weiß-Aussage von Jesus ernst nehmen. Das Wort vom Licht des Kosmos und vom Umherirren in der Finsternis wird konturlos und nebulös, wenn wir anfangen, es mit einigen philosophischen oder psychologischen oder theologischen Farbtupfern angenehmer und annehmbarer zu machen.

Wenn wir es wagen, die Klartextaussagen von Jesus Christus ernst zu nehmen, dann müssen dazu drei Grundthesen gehört werden.

1. Leben in der »Finsternis«

Ich möchte jetzt nicht in den Dunkelkammern der Menschheitsgeschichte und in den Kellerräumen des Lebens wühlen. Aber wer einigermaßen realistisch beobachtet und denkt, wird der Bibel Recht geben, die sagt: »*Denn die Erde ist von Finsternis zugedeckt und die Völker liegen unter tiefer Dunkelheit*« (Jesaja 60,2). Warum ist das so? Steckt dahinter ein gnadenloses Schicksal? Ist das alles unabänderlich vorprogrammiert:

Kriege, Unterdrückung, Krankheit, Hass, Tränen und am Ende der Tod? Die Bibel klärt uns auf. Sie berichtet, dass der Mensch irgendwann einmal das Paradies verlassen musste. Die Ursache war »Selbstverwirklichung« – der Wunsch, so zu sein wie Gott, das Leben in Eigenregie zu gestalten. Aber das alles geschah nicht aus menschlich-intellektuellen Beweggründen. Unsere ersten Eltern haben nicht über dieses heikle Thema diskutiert. Sie haben nicht überlegt, ob es eine andere Lebensmöglichkeit gebe als das Leben im Paradies, das Leben mit Gott. Die Bibel sagt, dass eine finstere Macht den Menschen verführte: Satan. Auf ihn, den Satan, hörten Eva und Adam, und sie trafen eine verhängnisvolle Entscheidung, eine Entscheidung, die ihnen das Leben kostete und die sie unter die Herrschaft des Teufels brachte. So wurde Satan zum Boss und der Mensch zum Untertan. Das Tor des Paradieses schloss sich hinter dem Menschen, und ein Leben in Abhängigkeiten begann. Alle Jahrhunderte der Menschheitsgeschichte sind davon gekennzeichnet, aber auch jedes einzelne Menschenleben zeigt mehr oder weniger die Spuren dieser finsteren Macht. Wer die Sünde, wer das Fehlverhalten des Menschen, wer die seelischen Deformierungen wie Hass, Neid, Streit, Besitzstreben usw. nur auf der Ebene des rein Menschlichen sieht, der blickt zu kurz. Diese Sicht ist nicht nur oberflächlich, sie ist völlig falsch. Die Bibel spricht von dem geheimen Drahtzieher, Satan, und von den »Dunkelmännern«, seinen Dämonen und Geistern, die pausenlos als Partisanen des Bösen unterwegs sind, die verführen, schüren, hetzen, vernichten.

Der Ursprung des Bösen

Damit stellt sich natürlich die Frage nach dem Ursprung des Bösen überhaupt. Hier möchte ich aus dem Buch »Geht unsere Jugend zum Teufel?« eine Passage von Professor Dr. Hans Rohrbach zitieren:

»Ein Glaube an die Existenz von Satan, Teufeln, bösen Geistern und Dämonen wird häufig als gegenstandslos abgelehnt. Das ist richtig, sofern es sich um Teufelsvorstellungen des Volksaberglaubens handelt. Die Bibel aber weiß von Satan und seinen ›Engeln‹ als personenhaften Mächten, doch hütete sie ihr Wissen als Geheimnis. Nur in verschlüsselten Texten spricht sie davon, dass Satan ein sehr hoher Engel gewesen sei, den Gott um seines Hochmuts willen verstieß und auf die Erde verbannte. Unter dem Abbild eines Königs von Tyrus heißt es: ›*Du warst ein glänzender, schirmender Cherub und auf den heiligen Berg hatte ich dich gesetzt; ein Gott warst du und wandelst inmitten der feurigen Steine* (höchster Engel). *Du warst ohne Tadel in deinem Tun von dem Tage an, als du geschaffen wurdest, bis an dir Missetat gefunden wurde. ... Da verstieß ich dich vom Berge Gottes und tilgte dich, du schirmender Cherub, aus der Mitte der feurigen Steine.*‹ (Hesekiel 28,14 ff., Luther 84*).*

Und ähnlich heißt es von einem gestürzten Weltherrscher:

›*Wie bist du vom Himmel gefallen, du schöner Morgenstern! Wie wurdest du zu Boden geschlagen, der du alle Völker niederschlugst! Du aber gedachtest in deinem Herzen: Ich will in den Himmel steigen und meinen Thron über die Sterne Gottes erhöhen ... Ich will auffah-*

ren über die Wolken und gleich sein dem Allerhöchsten‹ (Jesaja 14,12 ff.).

Jesus bestätigt den Sturz Satans mit den Worten: *›Ich sah den Satan vom Himmel fallen wie einen Blitz‹* (Lukas 10,18*)*. Jesus nennt ihn sogar den Fürsten dieser Welt (Johannes 12,31; 14,30; 16,11; Luther).

Dass Satan sich als Geschöpf gegen Gott auflehnen konnte mit dem Gedanken, nicht mehr nur der höchste Engel unter Gott, sondern Gott gleich zu sein, beruht auf der Entscheidungsfreiheit, die Gott allen hohen Geschöpfen, den Engeln und den Menschen, verliehen hat; sie gehört zu der Gottesebenbildlichkeit.

Durch die Trennung von Gott und vom Reich des Lichtes wurde aus dem hohen Engel der Böse und aus dem Teil des Unsichtbaren, in das er hinabgestürzt wurde, das Reich der Finsternis. Da er (innerhalb des Unsichtbaren) auf die Erde gestürzt wurde, umgibt dieses Reich die Erde in dem komplementären Ineinander von Sichtbarem und Unsichtbarem. Das bezeugen alle Adventsverheißungen, z. B.: *›Das Volk, das im Finstern wandelt, sieht ein großes Licht, und über denen, die da wohnen im finstern Lande, scheint es hell‹* (Jesaja 9,1).

›Das Licht scheint in der Finsternis, und die Finsternis hat's nicht ergriffen‹ (Johannes 1,5).

Die Trennung des hohen Engels von Gott bewirkte aber auch, dass alle seine hohen Eigenschaften an ihm in das Gegenteil verwandelt wurden und durch ihn sich ausbreiteten. Aus Licht wurde Finsternis, aus Liebe Hass, aus Wahrheit Lüge, aus Herrlichkeit Niedrigkeit, aus Friede Unfriede, aus Barmherzigkeit

Grausamkeit, aus Gnade Brutalität, aus Freude Traurigkeit, aus Seligkeit Leid, aus Geborgenheit Angst, aus Weisheit List. Mit einem Wort: Durch seinen Sturz entstand nicht nur der Böse, sondern auch das Böse.« (Bob Larson, Geht unsere Jugend zum Teufel? Hänssler Verlag). So weit Professor Dr. Rohrbach.

Eine weitere Aussage der Bibel bestätigt diese Erklärungen: »*Der Satan, der Gott dieser Welt, hat die Gedanken der Ungläubigen so verblendet, dass sie das herrliche Licht der Botschaft nicht wahrnehmen können. Damit bleibt ihnen unsere Botschaft über die Herrlichkeit von Christus, der das Ebenbild Gottes ist, unverständlich*« (2. Korinther 4,4).

Diese Blindheit, von der hier die Rede ist, ist ein Teil der Finsternis, aus der Jesus Christus den Menschen befreien möchte – die Blindheit, ihn nicht als den zu erkennen, der allein echtes und erfülltes Leben geben kann. Wie dicht diese Finsternis ist, zeigen die weiterhin leeren Kirchen, das Desinteresse am christlichen Glauben und die geradezu erschreckende Unwissenheit über Jesus Christus.

Vor einiger Zeit habe ich in Stuttgart eine Meinungsumfrage zum Thema »Wie werde ich Christ?« gemacht. Ich war erstaunt, dass sich viele interviewen ließen. Die junge Mutter, der Taxifahrer, die alte Dame, der Versicherungskaufmann – sie alle gaben Auskunft. Aber keiner konnte eine biblisch begründete Auskunft geben. Sie hatten alle ihre Meinung zum Thema, aber sie hatten keine Ahnung. Menschen, die »im Dunkeln irren«.

Ich sagte schon, dass Jesus Christus diese Selbstaussage vom »Licht des Kosmos« im Tempel in Jerusalem machte und dass dabei die Wogen hochgingen. Dort waren ja religiöse Leute versammelt und keine Atheisten. Dort trafen sich die, die es peinlich genau mit ihrem Glauben nahmen. Für sie war das wie ein Schlag ins Gesicht, wenn Jesus sie als im Dunkeln tappende Menschen ansprach und ihnen dann auch unmissverständlich erklärte, was darunter zu verstehen ist. Die heiße Diskussion, die Jesus damit auslöste, erreichte ihren Siedepunkt, als er erklärte: »*Wenn Gott euer Vater wäre, würdet ihr mich lieben, weil ich von Gott zu euch gekommen bin. Ich bin nicht hier, weil ich es selbst so wollte, sondern er hat mich gesandt. Warum versteht ihr nicht, was ich sage? Weil ihr gar nicht fähig seid, mein Wort zu hören. Ihr habt den Teufel zum Vater, und ihr tut mit Vorliebe die bösen Dinge, die er tut. Er war von Anbeginn an ein Mörder und hat die Wahrheit immer gehasst. In ihm ist keine Wahrheit. Wenn er lügt, entspricht das seinem Wesen, denn er ist ein Lügner und der Vater der Lüge*« (Johannes 8,42-44).

Das war nicht nur hart, sondern geradezu unheimlich: »*Ihr habt den Teufel zum Vater.*« Damit hatte Jesus für alle Zeiten festgelegt, dass die Liebe zu ihm das Kennzeichen der Menschen ist, die zu Gott gehören, und dass Gleichgültigkeit gegenüber ihm, innere Kälte und Ablehnung, die Infragestellung seiner Göttlichkeit, die Kritik an seinen Worten – also alles, was die Liebe ausschließt – ein Merkmal derer ist, die unter der Regie des Teufels leben. Jesus sagte: »*Wenn Gott euer Vater wäre, würdet ihr mich lieben.*«

Ein Mensch muss also nicht erst zum Mörder werden oder sich in irgendwelche okkulten Praktiken einlassen, um »*Kind des Teufels*« zu werden. Er muss nicht schrecklich negative Charakterveranlagungen haben oder gegen alles Religiöse aggressiv reagieren, um zu denen zu gehören, zu denen Jesus sagte: »*Ihr habt den Teufel zum Vater.*« Die fehlende Liebe zu Jesus entscheidet das.

Wenn Sie diesen biblischen Maßstab auf Ihr Leben anwenden, in aller Offenheit und Konsequenz, dann können auch Sie erkennen, wem Sie angehören: Satan oder Jesus. Dann wissen Sie, ob Sie noch in der Finsternis sind oder ob sie schon im Licht leben.

Stellen Sie sich bitte vor, Jesus Christus würde jetzt sichtbar vor Ihnen stehen und Ihnen die gleiche Frage stellen, die er vor 2000 Jahren am See Tiberias Petrus stellte, die Frage: »Liebst du mich?« Welche Antwort könnten Sie oder müssten Sie dann geben?

Wenn ich durch die Straßen unserer Städte gehe, wenn ich in Schulen mit jungen Menschen im Gespräch bin, wenn ich in Hallen, Kirchen und Zelten predige, dann erschrecke ich bei diesem Gedanken: »Wie viele können wirklich sagen, dass sie Jesus Christus lieben?« Dabei geht es nicht um Gefühle, sondern um Hingabe und Gehorsam.

Im Gefängnis des Teufels

Natürlich gibt es auch noch ganz andere Bindungen an Satan. Wer sich zum Beispiel von Wahrsagern beraten lässt, Reiki praktiziert, sich der Transzendentalen Meditation verschreibt, Hilfe von Geistheilern erwartet, Besprecher aufsucht, an Horoskope glaubt – kurz: die dunkle Palette des Okkulten in Anspruch nimmt, der gerät noch ganz anders in diese »Finsternis« und in den Machtbereich des Teufels. Dazu ein Bespiel:

Vor Jahren lernte ich einen begabten jungen Mann kennen. Er hatte Betriebswirtschaft studiert und arbeitete in einem bekannten Textilunternehmen. Durch Gespräche und Hilfsangebote wurde er in den dunklen Strudel der Esoterik und Magie gezogen. Ein Lebensproblem war der auslösende Faktor. Er hatte Akne, die sein Gesicht entstellte. Sein ganzes Denken und Empfinden drehte sich bald nur um sein Aussehen. Eine sehr sympathische ältere Dame, die im Personalbüro des Unternehmens arbeitete, erzählte ihm eines Tages von einer Heilmethode, die sie selbst erfahren hatte. Er hörte zum ersten Mal den Begriff »Reiki« und erfuhr von »universellen Energieströmen«, die durch einen Meister oder eine Meisterin auf den Körper des Patienten übertragen werden könnten. Zuerst fand er das alles absurd, aber nach weiteren Gesprächen mit jener Mitarbeiterin wurde er doch neugierig und meldete sich zu einer Probesitzung an. Die Umgebung war fremdartig. Im Hintergrund lief eine entspannende Musik und es roch nach Räucherwerk. Er legte sich auf eine Bahre. Das Ritual begann. Immer wenn die Meisterin ihre Hand über eine Körperstelle legte, durchströmte eine Hitzewelle diesen Bereich. Unfassbar war es dann für ihn, als plötzlich, während sie ihre Hände über ihn kreisen ließ, sein ganzer Körper hin- und herwippte. Nun war es für ihn klar: Die ältere Mitarbeiterin hatte Recht. Er konnte es nicht mehr leugnen. Es gab geheimnisvolle helfende Kräfte. Bald darauf meldete er sich zu einem Reiki-Schülerkurs an, der »1. Grad« genannt wurde und bei dem der Schüler durch die Meisterin eine so genannte Einweihung erfährt. Durch diese Einweihung, deren Ritual nur die Meisterin kennt, wird der Schüler für die Reiki-Energie geöffnet und ist fortan Kanal für diese Kraft. Bei dieser Einweihung machte er eine weitere übersinnliche Erfahrung. Er spürte plötzlich, wie eine starke Kraft in ihn hineinkam und alle seine Glieder unkontrolliert in Bewegung gesetzt wurden. Es schüttelte ihn und aus ihm heraus kam ein seltsames Lachen. Begeistert von dem Erlebten besorgte er sich entsprechende esoterische Literatur. Nach langen Überlegungen gab er seinen Beruf auf und ließ sich in einem esoterischen Institut als Feng-Shui-Berater ausbilden. Ein Jahr verbrachte er damit, seine Wohnung zu einem regelrechten Tempel nach den Regeln von Feng-Shui farblich umzugestalten. Es wurden Kristalle und symbolische Figuren aufgestellt, die alle zur Raumharmonie beitragen sollten. Seltsam war nur, dass er sich manchmal unheimlich in seiner Wohnung fühlte. Aber er wusste ja um den »Schutzschild« seiner Lichtkräfte. Außerdem hatte er von seinem Feng-Shui-Lehrer eine Kopie eines Schriftzuges erhalten, der vor bösen Geistern schützen sollte. Er stellte Buddhafiguren auf und hängte Buddhabilder über die Türen. Damit die positive

Energie wirklich im Raum blieb, befestigte er eine rote Kordel jeweils an die Anfangs- und Endpunkte der Wohnung, um so Himmel und Erde miteinander zu verbinden. Im Laufe der Jahre hatte er sich eine beachtliche Bibliothek an Esoterikliteratur erstanden, die er ebenfalls wie ein Schutzschild in seinem Wohn- und Schlafzimmer um sich herum angeordnet hatte. Weil ihm Geld nicht mehr wichtig war, arbeitete er als Gelegenheitsarbeiter in einer anthroposophisch geführten Demeter-Gärtnerei. Dadurch kam er auch mit der Lehre von Rudolf Steiner in Verbindung und entdeckte viele Berührungspunkte mit der Esoterik. In dieser Phase lernten wir uns kennen. Bei einem ersten Telefonat fragte ich ihn, ob er ein erfülltes Leben habe. Zögernd kam die verneinende Antwort. Er war immer noch auf der Suche, auf der Suche nach einem sinnvollen und tragfähigen Leben. Durch das Gespräch und ein Buch über Jesus Christus erwachte in ihm das Interesse am christlichen Glauben. Er selbst hat dazu Folgendes geschrieben:

»In zwei Tagen hatte ich das Buch voller Spannung und Interesse gelesen. Dabei entdeckte ich, dass in der Bibel viele Dinge über Jesus Christus standen, von denen ich noch nie gehört hatte. So kam ich sehr ins Nachdenken und in mir erwachte ein Interesse für die Bibel. Ich stand kurz vor meinem 30. Geburtstag und wusste, dass ich schon seit vielen Jahren einige dunkle Gedanken und Erlebnisse mit mir herumtrug, mit denen ich allein nicht klarkommen konnte. Diese wollte ich jetzt vor Gott bringen. Ich vereinbarte einen Termin und saß bald darauf im Arbeitszimmer von Pastor Vogel. Er bat darum, mir zunächst aufzeigen zu dürfen, wie die Bibel das Verhältnis zwischen Gott und den Menschen sieht, und erklärte mir, dass Jesus Christus der einzige Weg ist, um unsere Beziehung mit Gott wieder herzustellen. Diese Erklärung berührte mich sehr. Das hatte ich so noch nie gehört. Nun war ich also mit der Frage konfrontiert: Willst du Jesus Christus in dein Leben aufnehmen und dein Leben bewusst seiner Führung anvertrauen? Ich musste mich entscheiden: Sage ich »Ja« oder »Nein« zu Jesus. Zwar war ich ernsthaft auf der Suche nach ihm gewesen, aber dass ich ihn in mein Leben einladen sollte, damit hatte ich nie gerechnet – dieser Schritt war mir neu. Eigentlich war ich ja nur gekommen, um meine Sünden zu bekennen. So beschloss ich, lieber noch mal darüber zu schlafen.

Als ich am nächsten Tag aufwachte, war ich mir sicher, diesen Schritt gehen zu wollen. Ich meldete mich erneut zu einem Gespräch an. So saß ich bald darauf dem Pastor wieder gegenüber. Er betete für mich und forderte mich dann auf, ihm ein Gebet nachzusprechen.

In diesem Moment spürte ich auf einmal, dass ich das konnte. Je länger ich es versuchte, desto stärker äußerte sich ein unheimlicher Widerstand in mir. Was sich nun abspielte, war entsetzlich. Mein ganzer Leib verkrampfte sich plötzlich und mein Kopf und meine Arme begannen sich heftig zu schütteln. Gleichzeitig fing ich an stöhnende und grollende Laute von mir zu geben und eine mir nicht bekannte

Stimme redete aus mir heraus. Das übernatürliche und wohltuende Erlebnis bei der Einweihung in den »1. Reiki-Grad« kehrte sich nun um. Hatte ich damals ein tief entspanntes Gefühl, das begleitet war von viel Lachen und heftigen befreienden Schüttelbewegungen der Arme und Beine, so saß ich nun in einem völlig angespannten und verkrampften Körper. Mir war jetzt auch nicht mehr nach Lachen zumute, sondern ich hatte schreckliche Angst. Ich begriff, dass in meinem Körper etwas wohnte, das außerhalb meiner Kontrolle war und dieses Wesen hinderte mich, das Gebet zu Jesus nachzusprechen. Ich war besessen. So schrecklich das Ganze war, so heilsam war es auf der anderen Seite. Gott hatte mir schlagartig vor Augen geführt, dass das, was ich bisher für Licht gehalten hatte, Finsternis war. Alles, worauf ich mein Leben gegründet hatte, all die Weisheit und Lehren der Esoterik waren nun enttarnt als Lehren Satans. Mein ganzes Lebensbild brach in einem Moment zusammen. Meine Zukunftspläne platzten wie eine Seifenblase. Im gleichen Moment wusste ich, dass das, was in der Bibel steht, Wahrheit ist. Ich begriff, dass ich jetzt vor einer für mich völlig neuen geistigen Realität stand – Jesus Christus. Auf Anraten des Pastors trennte ich mich von allem, was ich an esoterischer Literatur und Symbolik angesammelt hatte. Ich verbrannte alle Bücher. Alle Symbole, Kristalle, Figuren und Bilder wurden weggeworfen. Alle Götzen mussten aus meinem Leben verschwinden. Es dauerte dann einige Zeit, bis ich in der Lage war, mich von den Mächten der Finsternis loszusagen und mich Jesus Christus zu übereignen. Als ich das tat, war Satans Macht gebrochen. Die Kräfte aus der Finsternis hatten aufgegeben. Jesus Christus gab meinem Leben ein völlig neues Fundament. Er ist seither das Licht in meinem Leben und die einzige Kraftquelle, an die ich mich wende.«

2. Leben im »Licht«

Eine Frau bat mich, mit ihr zu beten. Sie erklärte mir, dass sie rauchen müsse, obwohl ihr das der Arzt streng untersagt habe. Alles habe sie schon versucht, aber immer wieder müsse sie zur Zigarette greifen. Nun erhoffte sie sich Freiheit durch Gebet. Ich schnitt nach dieser Schilderung zuerst ein anderes Thema an. Ich fragte sie nach ihrer Beziehung zu Jesus Christus und ob sie ihm schon ihr Leben anvertraut habe. Das schien für sie etwas ganz Neues zu sein. Immer wieder wies sie auf ihre christliche Erziehung hin, erzählte von ihrer betenden Mutter und davon, dass natürlich auch sie an Gott glaube. Es war nicht einfach, ihr klarzumachen, dass nur eine persönliche Beziehung zu Jesus Christus ihr wirklich Freiheit und ein neues Leben geben könne. Sie wollte in der Finsternis, in der sie sich noch bewegte, einen kleinen Lichtblick erleben. Jesus aber bietet nicht nur Lichtblicke, er will, dass der Mensch ans Licht kommt und dann ein Leben im Licht führt. Darum sagte er: *»Ich bin das Licht des Kosmos. Wer mir folgt, hat das Licht des Lebens und wird nicht mehr im Dunkeln tappen.«*

Seinen Zeitgenossen rief er in diesem Zusammenhang zu: »*Weil ihr nicht an mich als den glaubt, der ich bin, werdet ihr in eurer Sünde sterben*« (Johannes 8,24). So hat Jesus Christus damals die Menschen zu einer kompromisslosen Hingabe an ihn aufgefordert – und weil, wie er selbst sagte, Himmel und Erde vergehen werden, aber seine Worte nicht, darum ist dieses Wort von der kompromisslosen Hingabe, die Bibel nennt es Nachfolge, auch für uns bindend. Licht, Lebensgemeinschaft mit Jesus Christus, ist der neue Lebensraum, den Sie wählen können.

Ich hatte schon einige Vorträge über dieses Jesuswort vom »Licht des Kosmos« gehalten, als mir mitten in einer Ansprache der Nachsatz aufleuchtete: »*... denn er wird das Licht haben, das zum Leben führt*« (Johannes 8,12). Plötzlich erkannte ich das beinah Unglaubliche dieser Zusage. Licht des Lebens, das ist ja Er selbst. »Du kannst mich haben«, sagt Jesus. »Ich gebe dir nicht etwas, sondern ich gebe mich dir.« Für Theologen leuchten hier Warnsignale auf. Jesus haben? – Das ist doch eine völlig unmögliche Vorstellung. Das klingt doch so, als hätte ich Gott im Griff. Nein, natürlich nicht so. Warum auch dieses negative Bild? Es gibt auch eine bessere Deutung aus dem Bereich der Liebe. Da sagt ein junger Mann begeistert und stolz: »Ich habe eine Freundin.« Dabei strahlt die Freude aus allen Knopflöchern. Jesus, das »Licht des Kosmos« und das »Licht des Lebens«, bietet uns seine Freundschaft an. Ich darf das ganz persönlich sagen: »Jesus möchte mit Ihnen für immer zusammen sein. Sie können Jesus haben.« *»Wer an den Sohn Gottes glaubt, hat das Leben«* (1. Johannes 5,12).

Und in diesem inneren Zusammensein mit Jesus Christus wird Ihnen das gegeben, was Sie erfüllt und wodurch Sie anderen zum Segen werden.

Rettung

Da ist zuerst das Stichwort »Rettung« zu nennen. Ich erinnere noch einmal an das zentrale Bibelwort zu diesem Thema: *»Gott hat uns aus der Macht der Finsternis errettet und in das Reich des geliebten Sohnes versetzt«* (Kolosser 1,13).

Satan ist der Chef dieser »Macht der Finsternis«, die die Bibel auch Dämonen und böse Geister nennt. Weil Satan ein finsterer Chef ist und diese Dämonen und Geister dunkle Untergebene, fliehen sie vor dem Licht, sie fliehen vor Jesus Christus. Das ist unsere Rettung. In der Gemeinschaft mit dem Sohn Gottes sind wir absolut sicher vor Satan. Freiheit und durch Jesus Christus geistliche Überlegenheit ist die Erfahrung in diesem neuen Lebensraum. Ist das schon Ihre Erfahrung? Sind sie frei von Bindungen, frei von zerstörenden Gefühlen und Gedanken, frei von Hass und Jähzorn, frei von perversen Empfindungen? Die Bibel sagt: *»Doch der Sohn Gottes kam, um die Taten des Teufels zu vernichten«* (1. Johannes 3,8).

Vergebung

Dann bedeutet »Licht« natürlich auch Vergebung der Sünde. Ich zitiere dazu einen Satz aus der Bibel: *»Doch wenn wir wie Christus im Licht Gottes leben, dann haben wir Gemeinschaft miteinander, und das Blut von Jesus, seinem Sohn, reinigt uns von jeder Schuld«* (1. Johannes 1,7).

Ein Psychiater sagte einmal: »Viele Patienten, die in unseren psychiatrischen Anstalten sind, müssten nicht hier sein, wenn sie die Vergebung ihrer Sünden erfahren hätten.«

Ich möchte diese Aussage erweitern: Viele Ehen würden nicht zerbrechen, viele Familien wären kein Kriegsschauplatz mehr, viel Einsamkeit, Angst und Krankheit müsste nicht sein, wenn die Menschen durch Jesus die Vergebung ihrer Sünden erlebten. Sünde zerstört, Vergebung heilt. Vergebung verpflichtet natürlich auch. Billy Graham schreibt dazu: »Jesus starb am Kreuz für unsere sündhafte Natur wie auch für die konkreten Sünden, die sich daraus ergeben. Angesichts dieser Tatsache sollten wir uns so weit wie möglich von der Sünde entfernt halten – und nicht versuchen, so nahe wie möglich heranzukommen, ohne von ihr gepackt zu werden.«[3] Wer mit Jesus, dem »Licht des Kosmos«, lebt, wird aufrichtig nach Heilung in allen Lebensbereichen streben.

Liebe

Licht beinhaltet auch Liebe, eine neue Beziehung zu den Menschen, die unabhängig ist von Sympathie und Antipathie, die die nationalen, die rassischen und religiösen Schranken durchbricht, die nicht auf das Äußere sieht, sondern in jedem Menschen eine Persönlichkeit sieht, die Gott liebt und für die Jesus Christus gestorben ist. In der Bibel lesen wir: »*Doch wer seinen Nächsten liebt, lebt im Licht und niemand nimmt Anstoß an ihm. Wer seinen Nächsten hasst, lebt in der Finsternis und weiß nicht, wohin er geht, denn durch die Finsternis ist er blind geworden*« (1. Johannes 2, 10.11). Diese Liebe ist ein Geschenk Gottes. Sie erhalten dieses Geschenk in der Lebensgemeinschaft mit Jesus Christus.

Während einer Evangelisation in einer Kleinstadt sprach ich auf der Straße einen jungen Mann an. Als er den Einladungszettel in meiner Hand erblickte, wurde er ausfällig, beschimpfte mich und wandte sich zornig ab. In meinem Herzen spürte ich Gottes Liebe für diesen jungen Mann, sodass es mir nicht schwer fiel, ihm zu vergeben und für ihn zu beten. Am nächsten Tag traf ich ihn auf dem Marktplatz und grüßte ihn freundlich. Er hatte sich gerade eine Tüte mit Gummibärchen gekauft. Plötzlich kam er auf mich zu, hielt mir die Tüte hin und bat mich zuzugreifen. Das war der Einstieg in ein gutes Gespräch. Die Liebe Gottes hatte seine Aggressionen besiegt.

Der neue Lebensraum – das Leben mit Jesus Christus – ist auf Entfaltung angelegt. Gott hat in Sie viel hineingelegt, das sich nur in der Gemeinschaft mit Jesus Christus entfalten kann. Der Mensch ist kein Nachtschattengewächs. Wir brauchen das Licht. Darum ist Jesus Christus unsere einzige Chance.

3. Standortwechsel gefordert

Die Selbstaussage von Jesus vom »Licht des Kosmos« kann man sich anhören, sie bestaunen oder sie verwerfen, sie akzeptieren oder sie hinterfragen. Weder das eine noch das andere wird eine Wirkung auf unser Leben haben, denn beides läuft auf einer Ebene ab, die Jesus nicht zuerst angesprochen hat, der intellektuellen Ebene. Jesus Christus ruft Sie in seine Nachfolge – und das meint den ganzen Menschen. Er sagte: »*Ich bin das LICHT der Welt. Wer mir nachfolgt, braucht nicht im Dunkeln umherzuirren, denn er wird das Licht haben, das zum Leben führt.*«

»Folgen« war damals und ist auch heute noch ein Heraustreten aus der Masse, ein Wechsel des bisherigen Standortes. »Wer mir folgt«, das ist Bindung an Jesus und die Bereitschaft, Schritt für Schritt mit ihm zu gehen. »Wer mir folgt«, das ist das Nein zu Satan und das kompromisslose Ja zu Gott. »Wer mir folgt«, das ist eine Sache des gesamten Lebens – Tage, Wochen, Monate, Jahre. Aber es beginnt mit einem ersten Schritt, wie auch jede Wanderung mit einem ersten Schritt beginnt.

Jemand hat stundenlang vor einer Wanderkarte gebrütet, er hat Wege überlegt und die Zeit abgecheckt, hat sich mit Freunden ausgetauscht und alles zur Wanderung Nötige bereitgestellt. Aber was ist, wenn er den ersten Schritt nicht tut, wenn er sich nicht wirklich aufmacht? Dann war doch all das Planen und Denken und Reden und Ordnen umsonst.

Da werde ich nach einem Jugendabend zu einem 23-Jährigen gerufen. Er macht einen sehr sympathischen Eindruck auf mich, und wir haben sofort einen guten Kontakt. Er hat einige Fragen zur Bibel, echte Fragen, und er hört aufgeschlossen zu, wenn ich antworte. Es interessiert ihn, wie Gott die beurteilt, die während des Lebens nie etwas von Jesus gehört haben. Und dann bewegte es ihn, ob nicht auch gute Taten nötig sind, um in den Himmel zu kommen. Mitten in den Fragen und Antworten komme ich auf den Gedanken, ihm eine ganz persönliche Frage zu stellen: »Hast du schon den ersten Schritt getan?« Verwundert schaut er mich an.

Ich versuche zu erklären: »Hast du Jesus Christus als deinen Retter und Herrn angenommen?«
»Ich bin schon immer Christ«, antwortete er. »Ich weiß, dass Gott mich geschaffen hat, und ich danke jeden Abend für den zurückliegenden Tag.«

Offenbar hatte er noch nicht begriffen, wovon ich rede. So erkläre ich ihm ausführlich, dass jeder Mensch in einem Areal der Finsternis, getrennt von Gott, geboren wird und dort so lange lebt, bis er sich in einem Akt der freien Entscheidung Jesus Christus übereignet.

»Darüber werde ich nachdenken müssen«, sagte er und verabschiedet sich dann von mir.

Klar war: Den ersten Schritt hatte er noch nicht getan. Aber ich habe Hoffnung, dass Gott ihn nicht in Ruhe lässt, bis er sich wirklich aufmacht und ins »Licht« tritt.

das Licht

Diese Nachfolge kann jetzt auch für Sie beginnen. Sprechen Sie mit Jesus Christus selbst, der »das Licht des Kosmos« ist, und sagen Sie ihm, dass Sie ihm gehören wollen. So können Sie die befreiende Wahrheit dieses Wortes erleben:

> *»Ich bin das Licht der Welt.*
> *Wer mir nachfolgt,*
> *braucht nicht im Dunkeln umherzuirren,*
> *denn er wird das Licht haben,*
> *das zum Leben führt.«*

Jesus – Lebenseingang

ICH BIN das TOR –
Geöffnet für alle

Ich bin das TOR.
Wer durch mich hineingeht,
wird gerettet werden.
Wo er auch hinkommt,
wird er grüne Weiden finden.
(Johannes 10,9 NLB)

»Besuch in einem Kinderheim des Horrors« – diese Schlagzeile las ich in einer Tageszeitung. Im Fettdruck stand darunter: »Ein langer Eisenriegel wird zurückgeschoben, es öffnen sich Flügeltüren zu einem Zimmer des Horrors. Auf Pressholzgestellen hocken zwischen Lumpen Kinder wie die Tiere, die Körper eng aneinander gedrängt. Manche richten ihre kalkweißen Gesichter mit dunklen Augenhöhlen zur Tür ...«

Und dann werden die Zustände in einem der Kinderheime Rumäniens geschildert. »Aufbewahrungsanstalten für die Ausgemusterten«, »Kindervernichtungsheime« für unwertes Leben. Entsetzliche Bilder.

Zwei Deutsche, ein Spediteur und ein Journalist, die Konvois mit Gütern nach Rumänien begleitet hatten, entdeckten das Heim in Cighid und alarmierten die Öffentlichkeit. Dadurch öffnete sich für diese Kinder ein Tor zum Leben. Hilfsgüter rollten an. Familien waren zur Adoption bereit. Für manche Kinder war es Rettung in letzter Stunde.

Entschuldigen Sie, wenn ich diesen Bericht des Grauens, oder vielleicht sollte ich besser sagen, diesen Bericht der Rettung, mit einem der »Ich-bin-Worte« von Jesus in Verbindung bringe: »*Ich bin das Tor. Wer durch mich hineingeht, wird gerettet werden*« (Johannes 10,9).

Auch hier ist von Rettung die Rede, und auch hier ist von einem Tor die Rede, das sich zur Rettung und zum Leben öffnet. Jesus Christus nennt sich das »rettende Tor«.

Ich höre da natürlich einige kritische Anfragen: Ist ein solcher Vergleich mit einem der Kinderheime Rumäniens nicht eine peinliche Übertreibung? Oder: Ist dieser Absolutheitsanspruch von Jesus, das eine Tor zur Rettung zu sein, in unserer pluralistischen Gesellschaft noch durchzuhalten? Oder: Kann man das so ohne Nuancen und Einschränkungen einfach auf alle Menschen übertragen, wenn Jesus sagt: »*Wer durch mich hineingeht, wird gerettet.*«?

Intolerant?

Ist es nicht so? Wenn irgendetwas heute absolut gesetzt wird, dann stößt das auf Widerstand und auf Widerspruch. Jesus Christus war und ist in diesem Sinne eine provozierende Persönlichkeit. An seinen Worten entzündete sich vor 2000 Jahren und entzündet sich auch heute der Protest. Jeder aber sollte sich darüber klar sein, dass es in der Begegnung mit Jesus um die Wahrheitsfrage geht, und Wahrheit kann nicht relativiert werden. Hören Sie darum zuerst noch einmal diesen Satz, den Jesus Christus seinen Zeitgenossen und darüber hinaus allen sagte, die diesen Planeten betreten. Ich übersetze ihn in der ursprünglichen Bedeutung: »Ich, ich bin das Tor. Nur wer durch mich hineingeht, wird gerettet, und er wird ein- und ausgehen und Weideland finden.«

Während des Theologiestudiums in Frankfurt habe ich an den Sonntagen gelegentlich religiöse Sondergruppen besucht, um mich an Ort und Stelle zu informieren. So geriet ich an einem Sonntag zu den Bahais. Ich wurde aufgeklärt, dass sie unbedingte Toleranz gegenüber allen Glaubensbekenntnissen und Religionen leben. Ihr Ziel sei die Einheit der Religionen. In Kampala, in Sydney, in Langenhain bei Frankfurt, in Haifa und anderen Orten wurden prunkvolle Tempel gebaut. Es sind Rundbauten mit jeweils neun Eingängen für die Anhänger der neun Weltreligionen. Für jede dieser Weltreligionen gibt es eine Tür, über der der Name des Religionsstifters steht – auch eine Tür für das Christentum. Über ihr steht der Name »Jesus Christus«.

Genau das entspricht dem Denken und Empfinden des modernen Menschen. Damit kann er sich identifizieren, selbst wenn er für Religion wenig Sympathie empfindet.

Die Welt ist überschaubar geworden. Die verschiedensten Religionen treffen sich oft auf engem Raum. Kann man sich da noch mit Abgrenzungen und Ausgrenzungen befassen? Sollte man nicht endlich konsequent das Einigende suchen und alles andere rigoros streichen? Das ist der Trend, der heute bestimmend ist. Die Bibel aber macht hier nicht mit. Jesus Christus sagt Nein zu einem solchen Wischiwaschi-Kurs. Dabei muss klar sein, dass es nicht um Eigenbrötlerei geht und nicht um blinden Fanatismus. Es steht die Wahrheit auf dem Spiel.

Ein Arzt darf nie aus Mitleid eine Diagnose ignorieren. Wenn eine Operation nötig ist, wäre es sträflich, so zu tun, als ob Bettruhe genüge.

Wenn ein Lehrer aus Toleranz und Sympathie auch die falschen mathematischen Lösungen seiner Schüler akzeptiert, müsste er disqualifiziert werden.

Es gäbe ein verheerendes Verkehrschaos, dürfte jeder Verkehrsteilnehmer die Verkehrsschilder nach Belieben interpretieren und die Verkehrsregeln nach Lust und Laune befolgen.

Darum ist diese Selbstaussage von Jesus einer der Schlüsselsätze der Bibel, denn es geht hier nicht um irgendwelche religiösen Ansichten, sondern um das Leben selbst. Es geht um unsere Existenz, wenn Jesus Christus sagt: »*Ich bin das Tor. Wer durch mich hineingeht, wird gerettet werden. Wo er auch hinkommt, wird er grüne Weiden finden. Ein Dieb will rauben, morden und zerstören. Ich aber bin gekommen, um ihnen das Leben in ganzer Fülle zu schenken*« (Johannes 10,9.10).

Leben heißt der zentrale Begriff. Darum dreht sich alles. Auch im christlichen Glauben. »*Ich bin gekommen, um ihnen das Leben in ganzer Fülle zu schenken*« – sagt Jesus. Also nicht nur Überleben oder Leben auf Sparflamme, sondern Leben im Überfluss. Es ist Leben in drei Dimensionen: gerettetes Leben, geheiltes Leben und gestaltetes Leben.

1. Das Tor zur Rettung

Ich bitte Sie dringend, Ihr Leben vom Ziel her zu sehen. Nur wer das Jenseits in die Lebenskalkulation einbezieht, liegt richtig. Die Bibel berichtet: »*Und ich sah einen großen weißen Thron und den, der darauf sitzt. Die Erde und der Himmel flohen vor seiner Gegenwart, aber sie fanden keinen Ort, um sich zu verbergen. Ich sah die Toten, die großen und die kleinen, vor Gottes Thron stehen. Und es wurden Bücher aufgeschlagen, darunter auch das Buch des Lebens. Und die Toten wurden nach dem gerichtet, was in den Büchern über sie geschrieben stand, nach dem, was sie getan hatten*« (Offenbarung 20,11.12).

Vor diesem Ereignis kann sich keiner drücken. »*Ich sah die Toten, die großen und die kleinen, vor Gottes Thron stehen.*« Der Gerichtstag Gottes wird hier beschrieben. Die Menschen müssen sich vor Gott verantworten. Alles kommt zur Sprache, auch das, was in diesem Leben verborgen blieb. Die Bibel sagt: »*Und dies alles wird sichtbar an dem Tag, an dem Gott durch Jesus Christus alles richten wird, auch das, was bei den Menschen verborgen ist*« (Römer 2,16).

Die vorhergehenden Sätze zeigen, dass es hier um unsere Gedanken geht. Und Jesus, der das menschliche Herz am besten kannte, erklärte: »*Aus dem Herzen kommen böse Gedanken, wie zum Beispiel Mord,*

Ehebruch, Unzucht, Diebstahl, Lüge und Verleumdung« (Matthäus 15,19).

Welch ein Entsetzen wird das auslösen, wenn Gott in diesem Prozess nicht nur unsere Taten, sondern auch unser Denken wie in einem Film an uns vorüberziehen lässt – Milliarden Gedanken, die Gedanken unseres ganzen Lebens. Dann werden wir einem zehntausendfachen »Schuldig!« zustimmen müssen. Im Blick auf dieses Gericht beleuchtet Jesus Christus noch einen anderen Aspekt. Der Mensch muss Rechenschaft für sein Reden ablegen. Jesus sagte: *»Ich sage euch: Am Tag des Gerichts müsst ihr euch für jedes böse Wort, das ihr sagt, verantworten«* (Matthäus 12,36). Und er fügte hinzu: *»Was ihr heute sagt, entscheidet über euer Schicksal; entweder werdet ihr gerettet oder gerichtet«* (Matthäus 12,37).

Wer hat dann Aussicht auf Freispruch, wenn wir für alle nebensächlichen, sinnlosen und unnützen Worte zur Rechenschaft gezogen werden? Stecken wir da nicht alle in einer absolut hoffnungslosen Lage? Sind wir dann nicht alle verlorene Leute?

Lassen Sie mich noch einige Sätze zu dem Thema Taten sagen. Darauf heben ja die meisten ab, wenn sie an das kommende Gericht denken. Gedanken und Worte scheinen ihnen weniger ins Gewicht zu fallen. »Lasst Taten sprechen«, lautet das Motto vieler. Aber hören Sie bitte, was die Bibel dazu sagt: *»Und so vollzieht sich das Gericht: Das Licht ist vom Himmel in die Welt gekommen, aber sie liebten die Dunkelheit mehr als das Licht, weil ihre Taten böse waren«* (Johannes 3,19).

Ich will nicht bezweifeln, dass der Mensch nicht auch in der Lage ist, Gutes zu tun. Aber wenn Gott unsere guten Taten bis auf den Grund durchleuchtet, dann wird viel Egoismus und Ehrsucht ans Licht kommen. Ich sehe jedenfalls auch hier für mein Leben keine Chance.

Gedanken, Worte, Taten – vieles spricht gegen uns. Wir sind alle verlorene Leute. Die Lage ist – menschlich gesehen – hoffnungslos, aber die Bibel spricht eindeutig von Rettung: »*Denn Gott hat die Welt so sehr geliebt, dass er seinen einzigen Sohn hingab, damit jeder, der an ihn glaubt, nicht verloren geht, sondern das ewige Leben hat*« (Johannes 3,16). Das ist ein Angebot. Gott hat kein Interesse daran, uns zu verurteilen. Darum kam der Sohn Gottes als Retter zu uns. Er ließ sich für unsere Sünden verurteilen und kreuzigen. Nur er war dazu in der Lage, die Sünden aller Menschen zu übernehmen, denn er lebte ein sündloses Leben. Im Bekennen unserer Schuld und in der Lebensübereignung an Jesus Christus können Sie jetzt Vergebung erleben. Diese Vergebung rettet Sie vor dem Urteilsspruch Gottes. Damit ist das Todesurteil aufgehoben. Jesus Christus selbst sagte: »*Ich versichere euch: Wer meine Botschaft hört und an Gott glaubt, der mich gesandt hat, der hat das ewige Leben. Er wird nicht für seine Sünden verurteilt werden, sondern ist bereits den Schritt vom Tod ins Leben gegangen*« (Johannes 5,24).

Diese Rettung vor dem Gericht und vor der Verurteilung ist jedoch nur eine Seite des Lebens, das Jesus Ihnen anbietet. Rettung kann nie das Ziel des Lebens sein. Ich greife noch einmal den Bericht von jenem Kinderheim in Rumänien auf. Die grauenhaften und menschenunwürdigen Zustände wurden entdeckt. Nun öffneten sich für diese Kinder die Türen. Gerettet. Endlich frei. Aber was nun? Wenn ihnen jetzt keine Hilfe angeboten wird, wenn nicht Menschen sich dieser Kinder helfend und heilend annehmen, dann ist diese Rettung nur der Schritt in ein hilfloses Weitervegetieren. Das können Sie auch auf das Leben als Christ übertragen. Gottes Plan ist Leben und nicht nur Rettung.

2. Das Tor zur Heilung

Die Zeit, in der der Mensch ohne eine persönliche Beziehung zu Gott lebt, geht an keinem spurlos vorbei. Ohne Gott wird jeder geistlich krank. Sünde, die nicht vergeben – also weggenommen – wird, zerstört die Seele des Menschen. Jeder, der eine Entscheidung für Jesus Christus trifft, kommt darum als »Kranker«, als »Verletzter«, als »Verwundeter« zu Jesus. Aus diesem Grund ist innere Heilung das Geschehen, das nach der Rettung kommen muss. So betete der Prophet Jeremia: *»Heile du mich, HERR, dann werde ich gesund, hilf du mir, dann ist mir geholfen«* (Jeremia 17,14).

Jeremia weiß, dass nur Gott heilend die erkrankten Bereiche des Inneren erreichen kann. Jeder menschliche Eingriff, und sei er noch so gut gemeint, wird hier versagen. Auch Jesus spricht indirekt von diesem

Vorgang der inneren Heilung, wenn er sagt: »*Ich bin das Tor. Wer durch mich hineingeht, wird gerettet werden. Wo er auch hinkommt, wird er grüne Weiden finden.*«

Ich betone hier besonders die Worte »*durch mich hineingeht*«. Diese Redewendung zeigt, dass Jesus die, die sich ihm übereignen, nicht im Krankenzustand belassen will. Er will seine Leute sozusagen auf die Beine stellen. Sie sollen »*hineingehen*«. Es soll Bewegung, gesunde Bewegung, in ihr Leben kommen. Das Leben als Christ soll kein Leben an Krücken, kein Leben auf der Trage, kein Leben als geistlicher Invalide sein. Unser Denken, unser Empfinden, unser Wille wird in der Begegnung mit dem Sohn Gottes und unter seiner Therapie gesunden.

Ich kenne eine gesegnete Seelsorgerin, die als Kind viele Jahre von ihrem Vater sexuell missbraucht wurde. Eine Lebenshingabe an Jesus bewahrte sie vor dem Selbstmord und befähigte sie dazu, ihrem Vater zu vergeben. Jesus heilte diese tiefen Verletzungen der Seele so vollständig, dass kein Schatten der Bitterkeit blieb. Heute ist sie für viele, die auf diesem Gebiet innerlich verwundet sind, eine große Hilfe. Sie kann aus eigener Erfahrung den Weg zur Heilung und Befreiung zeigen.

Ein Mann, dessen Leben schrecklich vom Jähzorn geprägt war und der mit fast jedem in seiner Umgebung in Feindschaft lebte, bat um eine Aussprache. Er bekannte seine Sünden und nahm Jesus Christus als Retter und Herrn in sein Leben auf. Damit begann ein erstaunlicher Heilungsprozess. Er konnte alle, die er beleidigt und bedroht hatte, um Vergebung bitten. Manche wiesen ihn schroff ab, aber Gottes Liebe, die er in seinem Herzen spürte, bewahrte ihn vor negativen Reaktionen. Die Familie erlebte einen völlig veränderten Vater und die Anwohner einen freundlichen und hilfsbereiten Nachbarn.

Leider ist das nicht immer so. Es gibt Menschen, die eine Entscheidung für Jesus getroffen haben und dann damit völlig zufrieden waren. Sie entzogen sich seinem heilenden Handeln. Sie verwehrten dem Heiligen Geist den helfenden Eingriff in die dunklen Zonen ihrer Seele. Gerettet, aber nicht geheilt, führen sie ein abstoßendes Christsein. Rechthaberei, Uneinsichtigkeit, Starrsinn sind weiterhin kennzeichnende Symptome ihres Lebens. Schade und erschütternd zugleich. Der Start ist gut – aber was bringt der beste Start, wenn ein Rennwagen nach einigen Hundert Metern mit Fehlzündungen liegen bleibt? Was bringt ein klarer Start ins Christsein, wenn dann der Christ mit den dunklen Prägungen seiner Vergangenheit weiterlebt, weil er den Veränderungsprozess nicht zulässt? Der Rettung muss die Heilung folgen, denn die Bibel sagt: »*Versucht, mit allen Menschen in Frieden zu leben, und bemüht euch, ein heiliges Leben nach dem Willen Gottes zu führen, denn wer nicht heilig ist, wird den Herrn nicht sehen*« (Hebräer 12,14).

Aber auch diese innere Heilung, die Heiligung des Lebens also, ist nicht alles, was an und in uns geschehen soll.

Darum nenne ich noch einen dritten Bereich.

3. Das Tor zur Erfüllung

Hier möchte ich zunächst einen Satz zitieren, den der Apostel Paulus an die Christen in Kleinasien schrieb: *»Von Anfang an war Gottes unveränderlicher Plan, uns durch Jesus Christus als seine Kinder aufzunehmen, und an diesem Beschluss hatte er viel Freude. Deshalb loben wir Gott für die herrliche Gnade, mit der er uns durch Jesus Christus so reich beschenkt hat«* (Epheser 1,5.6).

Beachten Sie dabei besonders die Redewendung *»herrliche Gnade«*. Gott hat uns also nicht nur begnadigt, sondern herrlich begnadigt. Dazu ein Beispiel: Wenn einer, der eine lebenslängliche Strafe absitzen muss, plötzlich begnadigt wird, dann ist das ein Akt der Gnade. Wenn er schon viele Jahre in einer Vollzugsanstalt verbracht hat, dann wird er jetzt mittellos auf der Straße stehen, ohne Freunde, ohne Zuhause, ohne Beruf. Gnade – aber was nun? Nehmen wir einmal an, dass derselbe nicht nur begnadigt wird, sondern mit einem Taxi abgeholt und von Freunden jubelnd empfangen wird. Dass er ein wohnlich eingerichtetes Heim vorfindet und eine Spitzenposition in einer namhaften Firma erhält – dann ist das nicht nur Gnade, sondern herrliche Gnade.

Jesus Christus erzählte einmal von einem jungen Farmer, der mit dem halben Vermögen seines Vaters das Weite suchte und alles in Orgien mit Freunden und Frauen verschleuderte. Eine Wirtschaftskrise brachte ihn an den Rand des Ruins. Er nahm die dreckigste Arbeit an, um wenigstens am Leben zu bleiben. In dieser Zeit kam er zur Besinnung, bereute sein Verhalten und kehrte nach Hause zurück. Er hatte nur einen Wunsch: als Knecht auf der Farm arbeiten zu dürfen. Gnade! Aber als er seinem Vater begegnete, heruntergekommen und elend, im wahrsten Sinn des Wortes »versaut«, denn er lebte mit Schweinen zusammen, erlebte er etwas Unfassliches. Der Vater ließ ihn sofort bestens einkleiden, arrangierte eine Party und schenkte ihm so viel Vertrauen, dass er ihm alle Vollmachten eines Erben zurückgab. Der junge Mann hatte sich nur nach Gnade gesehnt, aber der Vater beschenkte ihn mit herrlicher Gnade.

Ich sagte das schon: Jesus erzählte diese Geschichte. Es ist klar, was er damit zeigen wollte. Jeder, der zu ihm kommt, erlebt mehr als Gnade, er erlebt herrliche Gnade. Darum hat er gesagt: »*Ja, ich bin das Tor. Wer durch mich hineingeht, wird gerettet werden. Wo er auch hinkommt, wird er grüne Weiden finden. Ich bin gekommen, um das Leben in ganzer Fülle zu schenken.*«

Oft habe ich den Eindruck, dass Christen mit Gnade zufrieden sind. Wie schade! Jesus hat für jeden, der sich ihm anvertraut, herrliche Gnade. Er nennt es Leben in ganzer Fülle. Leben in ganzer Fülle ist von ihm gestaltetes Leben. Er hat einen wunderbaren und ganz persönlichen Plan für jeden seiner Leute bereitliegen. Dieser Plan sieht Entfaltung des neuen Lebens vor, dabei geht es um Lebenserweiterung und Lebenserfüllung. Sie dürfen ein herrliches Werkzeug in seiner Hand werden.

So hat Jesus Christus aus dem jungen Fischereiunternehmer Petrus einen Mann gemacht, der Millionen zum Segen wurde.

Den Mörder Saulus formte er zur führenden Persönlichkeit der Christen des ersten Jahrhunderts und darüber hinaus zu einem Segensträger bis heute.

Einer meiner Freunde, der mehrere christliche Gemeinden und eine christliche Radiostation gegründet hat, war, bevor er Christ wurde, ein hoffnungsloser Fall. Alkoholabhängig schon mit 15, brachte er durch sein Verhalten seine Eltern zur Verzweiflung. In einer Evangelisation bekehrte er sich zu Jesus Christus und war vom ersten Tag an bereit, sich von Gott verändern und gebrauchen zu lassen. Die »herrliche Gnade«, das »Leben im Überfluss«, prägte sein weiteres Leben und damit seine Zukunft.

Bevor ich Christ wurde, hatte ich nur Kino, Mädchen und Motorräder im Kopf. Ich war ein Egoist durch und durch. Ich drehte mich pausenlos um mich selbst. Dann griff Jesus Christus nach meinem Leben. Am 17. Juni 1956 traf ich kniend die Entscheidung, ihm nachzufolgen. Ich wollte nur Gnade, aber er beschenkte mich mit herrlicher Gnade. Immer wenn ich zurückdenke, kommen mir die Tränen. Ich bin zutiefst bewegt, was er aus einem Niemand gemacht hat. Oft sage ich, wenn ich morgens erwache: »Herr Jesus, ich bin so glücklich, heute wieder mit dir leben zu dürfen. Mach mit mir an diesem Tag, was du willst. Dein Plan ist vollkommen.«

Noch einmal: Jesus Christus ist nicht nur das Tor zur Rettung, sondern auch das Tor zur inneren Heilung und zu einem erfüllten Leben. Ich möchte Sie einladen, an dieser Stelle noch einmal in die Bibel zu schauen. Dort finden Sie viele Belege für dieses gerettete, erfüllte und gestaltete Leben. Ich denke z. B. an den schon erwähnten Saulus aus Tarsus, jenen wütenden religiösen Fanatiker. Die Christen der ersten Zeit zitterten vor ihm. Er hatte nur ein Ziel: diese Jesusbewegung auszurotten. Viele brachte er zur Strecke. Dann aber griff Gott zu. Jesus, der Auferstandene, stellte ihn. Das allerdings lief ganz anders ab, als Menschen es tun würden. Jesus Christus verdammte ihn nicht, sondern er öffnete ihm das Tor zur Rettung. Danach wurde er mit dem Heiligen Geist erfüllt, und Gott machte ihn zu seinem Boten. Nun war er für Jesus unterwegs. Aus einem Mörder wurde ein Lebensretter. Später konnte er als Apostel aus eigener Erfahrung bekennen: »*Wer mit Christus lebt, wird ein neuer Mensch. Er ist nicht mehr derselbe, denn sein altes Leben ist vorbei. Ein neues Leben hat begonnen! Dieses neue Leben kommt allein von Gott, der uns durch das, was Christus getan hat, zu sich zurückgeholt hat. Und Gott hat uns zur Aufgabe gemacht, Menschen mit ihm zu versöhnen*« (2. Korinther 5,17.18).

Die Segensspuren dieses von Jesus Christus gestalteten Lebens reichen bis in unser Jahrhundert.

Ich nenne noch einen biblischen Namen: Petrus. Was hat doch Jesus Christus aus diesem damals jungen Fischereiunternehmer gemacht. Bei einer ersten Begegnung mit ihm brach Petrus in seinem Boot zusammen. »›*Herr, kümmere dich nicht weiter um mich – ich bin ein zu großer Sünder, um bei dir zu sein.*‹ ... *Jesus sagte zu Simon:* ›*Hab keine Angst! Von jetzt an wirst du Menschen fischen.*‹« Der Sohn Gottes rettete ihn, erfüllte ihn und gestaltete von dieser Begegnung an sein Leben. So wurde aus dem unbekannten Fischer der bekannte Apostel.

Wenn ich auf mein Leben als Christ zurückschaue, dann entdecke ich diesen Gestaltungsprozess. Mit großer Liebe hat der Meister aller Meister mich geformt. Ich habe nicht immer Ja zu diesem Formungsprozess gesagt und ich habe auch nicht immer erkannt, dass es Seine Hand war, die mich prägen wolle. Aber er ist der treue Gott, der vollendet, was er begonnen hat. Nie werde ich vergessen, wie dieser Umgestaltung wenige Tage nach meiner Hingabe an Jesus mit einer enttäuschenden Erfahrung und mit einem nicht erhörten Gebet begann. Ich war damals 19 und hatte mich in ein Mädchen aus unserem Jugendkreis verliebt. Wir sprachen viel miteinander und trafen uns gelegentlich zu Spaziergängen. Für einen Abend war eine gemeinsamer Kinobesuch geplant. Ich freute mich darauf, war pünktlich an der verabredeten Stelle und wartete. Plötzlich sah ich sie, wie sie mit einem anderen auf der gegenüberliegenden Straßenseite unmissverständlich umschlungen vorüber ging. Eindeutig gab sie zu verstehen, dass sie mit mir nichts mehr zu tun haben wollte. Ich war zutiefst verletzt. In meiner Verzweiflung habe ich intensiv, geradezu leidenschaftlich zu Gott gerufen, dass er die zerbrochene Beziehung heilt. Gott hat damals meine Gebete nicht erhört. Bereits ein Jahr später wusste ich, warum Gott geschwiegen hat. Diese Beziehung hätte Gottes Plan mit meinem Leben zerstört. Ich wäre nie Pastor, nie Evangelist geworden. Mein Leben wäre völlig anders verlaufen. In seiner Liebe und Weisheit hat er »Nein« gesagt. Noch heute danke ich ihm dafür. Unglaublich viel Segen wäre verloren gegangen, wenn Gott auf mein Rufen, auf mein Drängen und auf meine Tränen geantwortet hätte. Damals habe ich eine der wichtigsten Lektionen für ein gesegnetes Leben gelernt: Bei allem glaubensstarken Bitten den Willen Gottes dankend zu akzeptieren, denn Gott hat einen wunderbaren Plan mit jedem Menschen. Er enthält zwei detaillierte Aufzeichnungen. Erstens: Wir sollen Kinder Gottes werden. In der Bibel lesen wir: »Alle, die Jesus Christus aufnahmen, denen gab er die Berechtigung, sich Kinder Gottes zu nennen« (Johannes 1,12). Gott arrangiert Begegnungen, Gespräche, gravierende Lebenseinschnitte, durch die er uns ruft und zu einem Leben mit ihm einlädt. Und zweitens: Er will uns, wenn wir auf sein Rufen hin, Jesus Christus als Retter und Herrn angenommen haben, unseren Gaben entsprechend einsetzen und zu seiner Ehre und zum Segen für andere gebrauchen. In der Bibel steht: »Ich will dich segnen und du sollst ein Segen sein« (1.Mose

12,2). Die vielen Details dieses Planes kennt nur Gott und wir entdecken sie meist erst im Rückblick.

Beachten Sie das bitte genau: Jesus Christus verändert unser Leben nicht im »Hauruck-Verfahren«. Diese Neugestaltung ist kein Zauberakt. Gerettet werden können wir »in einer Sekunde«, aber gestaltet werden wir ein Leben lang; einem rohen Marmorblock vergleichbar, gelangen wir in die Hand des Meisters Jesus, und damit beginnt sein Werk.

Sind Sie zu einer kompromisslosen Lebenshingabe an Jesus Christus bereit? Sind Sie bereit, mit jeder Sünde und mit jeder Bindung zu brechen? Sind Sie bereit, sich grundlegend verändern zu lassen? Dann dürfen Sie jetzt mit Jesus Christus sprechen, und Sie dürfen sich ihm anvertrauen. Ich lade Sie ein, durch das Tor zu gehen, das Jesus heißt – hinein in die Meisterwerkstatt Gottes. Hören Sie noch einmal diese einmalige Einladung, dieses Superangebot zu einem sinnerfüllten Leben:

> **»Ja, ich bin das Tor.**
> **Wer durch mich hineingeht,**
> **wird gerettet werden.**
> **Wo er auch hinkommt,**
> **wird er grüne Weiden finden.**
> **Ein Dieb will rauben,**
> **morden und zerstören.**
> **Ich aber bin gekommen,**
> **um ihnen das Leben**
> **in ganzer Fülle zu schenken.«**

Jesus – Führungskraft

ICH BIN der GUTE HIRTE –
Du darfst vertrauen

Ich bin der GUTE HIRTE.
Der gute Hirte opfert sein Leben
für die Schafe.

Einer der bekanntesten Sätze, die Jesus Christus sprach, lautet: »*Ich bin der gute Hirte*« (Johannes 10,11). Wenn ein Mitteleuropäer das hört, dann entsteht in ihm ein idyllisches Bild. Er stellt sich eine friedlich weidende Schafherde vor. Daneben, auf einen Stab gestützt, steht ein Hirte. Und irgendwo am Rand der Herde läuft ein zottiger Hund herum.

Manche werden dabei an die Geschichte aus der Bibel von dem »ungehorsamen Schäfchen« erinnert, das der Hirte nach Stunden gefahrvollen Suchens endlich findet und liebevoll auf seinen Schultern nach Hause trägt. Eine Szene, die bei mir Gefühle der Dankbarkeit, der Liebe und Geborgenheit auslöst.

»*Ich bin der gute Hirte*«, sagte Jesus.

Die Menschen, die diesen Satz direkt aus seinem Mund hörten, hatten dabei allerdings ein anderes Empfinden. Sie sahen kein idyllisches Hirtenbild, sondern vor ihrem inneren Auge stand plötzlich eine Zahl – die Zahl 23 –, und sie waren entsetzt. Sie verbanden diese Aussage von Jesus sofort mit dem bekanntesten und beliebtesten Psalm der Bibel, dem Hirtenpsalm, den der König David zur Verherrlichung Gottes gedichtet und gesungen hatte. In ihnen klangen die Worte auf:

»Der HERR ist mein Hirte, ich habe alles, was ich brauche. Er lässt mich in grünen Tälern ausruhen, er führt mich zum frischen Wasser.
Er gibt mir Kraft. Er zeigt mir den richtigen Weg um seines Namens willen.
Auch wenn ich durch das dunkle Tal des Todes gehe, fürchte ich mich nicht, denn du bist an meiner Seite. Dein Stecken und Stab schützen und trösten mich.
Du deckst mir einen Tisch vor den Augen meiner Feinde. Du nimmst mich als Gast auf und salbst mein Haupt mit Öl. Du überschüttest mich mit Segen. Deine Güte und Gnade begleiten mich alle Tage meines Lebens, und ich werde für immer im Hause des HERRN wohnen« (Psalm 23).

Es ist absolut sicher, wer in diesem Lied angesprochen wird. *»Der Herr ist mein Hirte«*, singt David, und dabei schaut er nach oben. David betet in diesem Psalm den Gott Abrahams, Isaaks und Jakobs an; den Gott der Väter, den Gott, der Himmel und Erde geschaffen und der Israel zu seinem Volk erwählt hat.

Und nun steht da irgendwo im Tempel in Jerusalem Jesus, der Rabbi aus Nazareth, um ihn her die religiöse Elite und eine Menge Volk, und er sagt: *»Ich, ich bin der gute Hirte.«* Damit macht er unmissverständlich deutlich:

- Der, von dem David sang, der bin ich.
- Der Gott Abrahams, Isaaks und Jakobs, der bin ich.
- Der Gott, der Himmel und Erde geschaffen hat, der bin ich.

- Der Gott, der Israel erwählte, der bin ich.
- Der Gott, zu dem alle Propheten gebetet haben, der bin ich.
- Der Gott, dem im Tempel Tag für Tag geopfert wurde und wird, der bin ich.
- Der Gott, der »auf saftige Weiden führt und am frischen Wasser ruhen lässt«, der bin ich.

Können Sie sich vorstellen, dass diese Aussage von Jesus, »*Ich bin der gute Hirte*«, nicht Begeisterung, sondern Empörung auslöste?

Schocking

Können Sie sich ausmalen, dass diese Aussage von Jesus: »*Ich bin der gute Hirte*«, nicht Staunen und Anbetung, sondern Entsetzen und Wut zur Folge hatte?

Sie trauten ihren Ohren nicht. Was hatte dieser Jesus da gerade behauptet: »*Ich bin der gute Hirte*«? Peinliche Stille und unheimliche Betroffenheit. Dann aber brach ein Orkan der Entrüstung los. Die Bibel berichtet: »*Manche meinten: ›Er hat einen Dämon und ist verrückt. Warum hört ihr auf einen solchen Mann?‹*« (Johannes 10,20). »*Da hoben die Juden wieder Steine auf, um ihn zu töten*« (Johannes 10,31).

Das war die Atmosphäre, in der Jesus damals diesen bekannten und heute so beliebten und viel zitierten Satz: »*Ich bin der gute Hirte*«, sprach. Und jeder geht an der Tiefe und Tragweite dieser Aussage vorbei, der das nicht registriert und der hier die Brücke zu Psalm 23 nicht schlägt. Jeder Jude hat es damals getan – und das musste entweder zur totalen Ablehnung von Jesus führen oder zur Anbetung und völligen Hingabe.

Wer sich heute über die brutalen Reaktionen der Zeitgenossen von Jesus empört, der gibt damit nur zu verstehen, dass er nicht begriffen hat, was Jesus da eigentlich sagte. Es war für jeden Juden unzweideutig, dass er sich mit diesem Ausspruch: *»Ich, ich bin der gute Hirte!«*, mit Gott identifizierte. Wenn er gesagt hätte: *»Ich bin ein guter Hirte«*, – hätte sich keiner aufgeregt. Aber dieses *»Ich, ich bin«* und das in Verbindung mit dem Artikel *»der«*, das musste eine Welle der Empörung hervorrufen. Diese Behauptung zerstörte das Gottesbild des jüdischen Glaubens radikal. Bedenken Sie dabei Folgendes:

Gott hatte zu Mose gesagt: *»Du allein, Mose, darfst zu mir kommen. Die anderen jedoch dürfen sich mir nicht nähern und auch von den restlichen Israeliten darf keiner den Berg besteigen«* (2. Mose 24,2). Jesus aber stand in greifbarer Nähe. Jeder konnte ihn berühren.

»Der Himmel ist mein Thron und die Erde der Schemel für meine Füße« (Jesaja 66,1), das war der Glaube der Väter. Jesus aber füllte nur eine winzige Ecke des Tempels aus.

»Mein Gesicht kannst du jedoch nicht sehen, denn jeder Mensch, der mich sieht, muss sterben« (2. Mose 33,20), so stand es in der Thora, der Heiligen Schrift. Aber keiner von ihnen hatte bei der Begegnung mit Jesus sein Leben verloren.

Die Würfel mussten endlich fallen. War er Gott? Oder war er ein Verführer?

»*Ich, ich bin der gute Hirte*«, sagte Jesus, und er fügte hinzu: »*Der gute Hirte opfert sein Leben für die Schafe.*« Könnte das der Prüfstein seiner Echtheit sein?

»*Ich bin der gute Hirte*« – das kann doch jeder x-Beliebige nachsagen. Mir sind, wenn ich mich recht entsinne, zweimal Männer begegnet, die von sich behaupteten, Gott zu sein. Ich habe sie keine Minute ernst genommen. Offen gesagt: Ich habe sie sofort in die Rubrik »geisteskrank« eingeordnet. Ein Blick genügte, um dieses Urteil zu fällen.

Als viele damals Jesus für verrückt erklärten, gaben andere jedoch zu bedenken: »*Das klingt nicht nach einem Mann, der von einem Dämon besessen ist! Oder kann ein Dämon etwa den Blinden die Augen öffnen?*« (Johannes 10,21).

Für uns, die wir 2000 Jahre nach dem Ereignis leben, ist es einfacher, die Frage nach der Wahrhaftigkeit und nach der Echtheit von Jesus zu beantworten. Davon soll im Folgenden die Rede sein.

1. Jesus hat es bewiesen

Es gibt ein faszinierendes und einsichtiges Kennzeichen für die Gottheit von Jesus Christus: sein freiwilliges Opfer. Dazu einige klärende Sätze, die Jesus im Zusammenhang der Rede vom guten Hirten sagte: »*Der Vater liebt mich, weil ich mein Leben hingebe, um es wiederzuerlangen. Niemand kann es mir nehmen. Ich gebe es freiwillig hin. Ich habe die Macht, es hinzugeben, und ich habe die Macht, es wiederzunehmen. Denn mein Vater hat mir diesen Auftrag gegeben«* (Johannes 10,17.18).

Ich zitiere noch einmal die zentrale Aussage dieser ungeheuer aufregenden Sätze: *»Niemand kann es mir nehmen. Ich gebe es freiwillig hin. Ich habe die Macht, es hinzugeben.«* Das heißt doch im Klartext: Jesus Christus war nicht dem Gesetz der Vergänglichkeit und des Todes unterworfen wie alle anderen Menschen. Er war der einzige Mensch, der immun war gegen Vergänglichkeit und Tod. Er besaß als einziger Mensch nach dem Sündenfall ewiges Leben. Das genau würde mit einer Grundaussage der Bibel übereinstimmen, in der es heißt: *»Nur wer sündigt, soll sterben«* (Hesekiel 18,4).

Von Jesus aber sagt die Bibel: *»Dieser Hohe Priester versteht unsere Schwächen, weil ihm dieselben Versuchungen begegnet sind wie uns, doch er wurde nicht schuldig«* (Hebräer 4,15).

Und an einer anderen Stelle steht: *»Denn Gott machte Christus, der nie gesündigt hat, zum Opfer für unsere Sünden«* (2. Korinther 5,21).

Und Johannes, einer seiner Jünger, schreibt: *»Ihr wisst, dass Jesus kam, um die Sünden der Menschen wegzunehmen, denn er ist ohne Sünde«* (1. Johannesbrief 3,5).

Seinen Gegnern, die ihn Tag und Nacht bespitzelten, stellte Jesus einmal die Frage: *»Wer von euch kann mir zu Recht eine Sünde vorwerfen?«* (Johannes 8,46). Sie mussten passen, weil sein Leben vollkommen war.

Diese vier Aussagen der Bibel – *»... er wurde nicht schuldig«*, *»... der nie gesündigt hat«*, *»... er ist ohne Sünde«* und *»keiner kann ihm eine Sünde vorwerfen«* – haben logischerweise zur Konsequenz, dass Jesus als

Mensch unsterblich war. Ich erinnere Sie noch einmal an das Grundgesetz der Bibel: *»Nur wer sündigt, soll sterben«* (Hesekiel 18,4).

Wer nun diese Tatsache zu Ende denkt, kommt unweigerlich zu dem Ergebnis, dass Jesus heute noch als Mensch auf dieser Erde leben würde, wenn er nicht sein Leben aus freiem Entschluss geopfert hätte. Niemand und nichts hätte sein Leben zerstören können. Der Tod hatte keine Macht über den Menschensohn. Er lebte jenseits der Todeslinie. So jedenfalls hatte es Jesus Christus damals im Tempel selbst vor vielen formuliert, wenn er sagte: *»Niemand kann mir das Leben nehmen.«* Aber zugleich fügte er hinzu, dass er sein Leben zum Opfer geben würde. Es würde ein stellvertretendes Opfer werden, ein freiwilliges Sterben für die Sünden aller Menschen. Er würde sterben, damit wir ewig leben können.

Was dann wenige Monate später auf dem Kalksteinhügel vor der Stadt Jerusalem geschah, war kein Mord an einem Unschuldigen, war nicht das Ergebnis einer infamen Intrige eifersüchtiger religiöser Eiferer, sondern es war der Wille von Jesus und der Plan Gottes, des Vaters. Darum lesen wir in der Bibel: *»Denn ihr wisst, dass Gott euch nicht mit vergänglichen Werten wie Silber oder Gold losgekauft hat von eurem früheren Leben, das ihr so gelebt habt wie schon Generationen vor euch. Er bezahlte für euch mit dem kostbaren Blut von Jesus Christus, der rein und ohne Sünde zum Opferlamm Gottes wurde. Schon vor Erschaffung der Welt wurde er dazu bestimmt, doch erst jetzt, am Ende der Zeiten, ist er für euch erschienen, sodass alle ihn sehen«* (1. Petrus 1,18-20).

Unternehmen Golgatha

Jesus Christus wurde an ein Kreuz genagelt. Links und rechts neben ihm hängen zwei Terroristen. Auf dem Mordhügel Golgatha stehen gaffende, schreiende und auch weinende Menschen. Direkt unter den Kreuzen ist die religiöse Elite des Landes zu sehen – seine erbittertsten Gegner – ehrwürdige Männer. Sie spotteten über den, der einmal gesagt hatte, dass er *»der gute Hirte«* sei. Jetzt konnte er von seiner Macht, wenn er sie wirklich hatte, Gebrauch machen. Wenn nicht alles, was er über sich sagte, diese vollmundigen »Ich, ich bin-Reden«, nur billige Schaumschlägerei war, dann musste er jetzt reagieren, dann musste er jetzt vor den Augen aller etwas geschehen lassen, das ihn als Messias auswies. Dann musste er jetzt die Nägel herausreißen und mit überirdischer Herrlichkeit erfüllt vom Kreuz steigen. Offen sprachen sie es aus, sodass jeder es hören konnte: *»Nun, wenn du der Sohn Gottes bist, dann rette dich doch selbst und steig vom Kreuz herab!«* (Matthäus 27,40).

Ob sich wohl keiner von ihnen daran erinnerte, dass Jesus damals auch gesagt hatte: *«Der gute Hirte opfert sein Leben für die Schafe«* (Johannes 10,11)?

Und dann geschah etwas Einmaliges, etwas, das den römischen Hauptmann erstaunen ließ, sodass er ausrief: *»Ja, dieser Mann war wirklich Gottes Sohn!«* (Markus 15,39).

Jesus starb nicht, wie er, der Hauptmann, Hunderte an Kreuzen sterben sah. Jesus bestimmte den Augenblick seines Sterbens. Die Bibel berichtet: *»Jesus rief: ›Vater, ich lege meinen Geist in deine Hände!‹ Und* *mit diesen Worten starb er«* (Lukas 23,46). Er starb also nicht durch einen qualvollen Erstickungstod oder weil ihm die Beine zerschlagen worden wären, um den Tod herbeizuführen – das geschah mit den beiden Verbrechern, die links und rechts neben ihm hingen. Nein, so starb Jesus nicht. Er starb mit einem Gebetsruf: *»Vater, ich lege meinen Geist in deine Hände!«*

Dieses völlig andere Sterben registrierte nicht nur jener Hauptmann, sondern es verwunderte auch die umherstehende Volksmenge: *»Und die vielen Zuschauer, die zur Kreuzigung gekommen waren und alles miterlebt hatten, was geschehen war, gingen voll Reue wieder nach Hause«* (Lukas 23,48).

Hier erfüllte sich also das, was Jesus Monate zuvor in jener heißen Rede vom »guten Hirten« ausgesprochen hatte. Ich zitiere noch einmal: *»Der Vater liebt mich, weil ich mein Leben hingebe, um es wiederzuerlangen. Niemand kann es mir nehmen. Ich gebe es freiwillig hin. Ich habe die Macht, es hinzugeben, und ich habe die Macht, es wiederzunehmen. Denn mein Vater hat mir diesen Auftrag gegeben«* (Johannes 10,17.18).

Gott, der Vater, brauchte eine Persönlichkeit, die drei Eigenschaften haben musste, um die Menschheit vor der Hölle zu retten, dem Ort endloser Qual und Gottesferne:

Erstens: Ein absolut sündloser Mensch musste gefunden werden, um in Stellvertretung für die in Sünde gefallene Menschheit zu sterben. Jesus war der eine sündlose Mensch.

Zweitens: Ein absolut sündloser Mensch musste gefunden werden, der in seinem Sein so groß war, dass er die Sünden aller Menschen auf sich nehmen konnte. Jesus war es, denn er war wahrer Gott und wahrer Mensch zugleich, der ewige »Ich bin«, der Mensch gewordene Schöpfer.

Drittens: Ein absolut sündloser Mensch musste gefunden werden, der in der Lage war, alle Sünden aller Menschen auf sich zu nehmen, und der es freiwillig tat, aus selbstloser Liebe und aus völligem Gehorsam. Jesus war es. Er sagte: *»Ich gebe es freiwillig hin.«*

Schon viele waren bereit, sich für andere zu opfern. Aber sie setzten ihr sterbliches Leben ein. Jesus ist die eine Ausnahme. Er gab sein unsterbliches Leben. Sein Opfer ist unsere Chance. Wer sein sterbliches Leben Jesus Christus anvertraut, empfängt von ihm das Leben, das unsterblich ist, denn auch die andere Aussage in jener Hirtenrede erfüllte sich: *»Ich habe die Macht, es wiederzunehmen.«*

Jesus Christus gab sein Leben, aber in seiner göttlichen Autorität besiegte er den Tod. Jesus Christus lebt! Das war nicht nur das starke und herausfordernde Bekenntnis der ersten Christen, sondern auch der Christen aller Jahrhunderte, und es ist das Bekenntnis derer, die heute mit Jesus leben.

Am Auferstehungsmorgen wollten einige Frauen den Leichnam von Jesus einbalsamieren – aus Dankbarkeit für das, was er an ihnen getan hatte. Enttäuscht und entsetzt standen sie vor einem geöffneten und leeren Grab.

Der gute Hirte ist keine Mumie, kein schöner Traum von gestern, kein Erinnerungsbild aus längst vergangenen Zeiten. Der gute Hirte ist der Herr aller Jahrtausende, und er ist der König der Ewigkeit.

2. Sie können es heute erleben

Als Jesus damals im Tempel diese provozierende Rede vom guten Hirten hielt, sagte er unter anderem auch drei Dinge, die für jeden, der sich Jesus Christus anvertraut, erfahrbar sind.

Zuerst sagte Jesus: »*Ich bin der gute Hirte; ich kenne meine Schafe*« (Johannes 10,14). Dabei geht es nicht um ein rein äußerliches Kennen – wie eben ein guter Hirte seine Schafe an irgendwelchen Merkmalen erkennt, sondern es geht bei Jesus um ein inneres Kennen, um ein Kennen bis hinein in die tiefsten Schichten des Seins. Er weiß nicht nur, *wer* wir sind, er weiß auch, *was* in uns verborgen ist. Er kennt alle Verletzungen unserer Seele. Er kennt alle Schwachpunkte unseres Charakters. Er kennt alle Bereiche unseres Unterbewusstseins. Nichts ist ihm unbekannt.

Nichts kann vor ihm verborgen bleiben. Als ich das zum ersten Mal begriff, erlebte ich dabei eine unglaubliche Befreiung. Ich dachte an jene Stunde meiner Entscheidung für Jesus, an meine Hingabe an jenem 17. Juni 1956. Plötzlich wurde mir bewusst, dass Jesus Christus damals umfassend Ja zu mir gesagt hat, obwohl er mich durch und durch kannte. Es würde also nie eine Stunde geben, in der er enttäuscht zu mir sagen würde: »Friedhold, das hätte ich nie von dir gedacht.« Er kannte mich, und er wusste um meine Labilität und Untreue, um alle Unarten und alle Rebellion. Ich weiß, dass er mich nicht annahm, weil er einen wertvollen Fang mit mir machen würde. Er nahm mich an, weil er mich liebte. Ich kann Jesus also nie enttäuschen, denn er kennt mich. Heute schon weiß er, was morgen geschieht. Ihm darf ich voll vertrauen. Das hat mich frei gemacht von aller Angst und von allem frommen Krampf. Ich muss vor ihm nichts verbergen. Ich darf ganz ich sein, ohne damit Gefahr zu laufen, dass er mich abschiebt. Die Masken konnten fallen, als ich Jesus begegnete.

Bedingungslose Liebe

Auf einem Mitarbeiterseminar für Christen hielt unter anderem auch ein Diplompsychologe Vorträge. In einer der Pausen stellte er sich beobachtend hinter einen jungen Mann, der sehr vertieft und völlig ahnungslos einen Liebesbrief schrieb. Der Psychologe, der sich auch in Graphologie auskannte und so den Charakter aus der Handschrift ersehen konnte, legte nach einiger Zeit überlegen seine Hand auf die Schulter des 20-Jährigen und sagte betont geheimnisvoll: »Wissen Sie auch, was Sie für einer sind?«

Der so Angeredete drehte sich um. Als er begriff, was da soeben geschehen war, antwortete er: »Herr Professor, was Sie aus meiner Schrift gelesen haben, ist nicht einmal die Hälfte meiner Charakterschwächen. Aber Jesus hat mich lieb.«

Dieser Liebe vertraue auch ich. Wie gut ist es doch, zu wissen, dass er mich durch und durch kennt und trotzdem liebt.

Befreiende Geborgenheit

Dann sagte Jesus auch: *»Ich schenke ihnen das ewige Leben, und sie werden niemals umkommen. Niemand wird sie mir entreißen, denn mein Vater hat sie mir gegeben, und er ist mächtiger als alles andere. Und niemand kann sie aus der Hand des Vaters reißen. Der Vater und ich sind eins«* (Johannes 10,28-30).

Das ist die Lebensversicherung der Leute, die Jesus ihren Herrn nennen. Geborgenheit und Gewissheit sind das Thema. Es ist die Ursehnsucht des Menschen. Sie begleitet uns durch alle Entwicklungsstufen des Lebens. Kinder, Jugendliche, junge Erwachsene, Senioren – sie alle werden in vielen Reaktionen und Aktionen von diesem Verlangen nach Geborgenheit bestimmt. Jesus Christus hat dieses Thema in seiner Rede vom guten Hirten aufgegriffen, wenn er sagte: *»Ich schenke ihnen das ewige Leben, und sie werden niemals umkommen. Niemand wird sie mir entreißen«* (Johannes 10,28).

Ich erinnere mich an die Zeit, in der ich meine ersten Einladungen erhielt, als Evangelist in den Schulen von meinen Erfahrungen mit Gott zu sprechen. In einer 9. Klasse unterbrach mich nach einiger Zeit der Religionslehrer. »Woher nehmen Sie diese Gewissheit?«, fragte er ziemlich aufgebracht. Und er fügte hinzu: »Ist nicht die ganze Sache mit Gott letztlich etwas Unsicheres, eben etwas, was man glauben muss?«

Da fiel mir dieser Ausspruch von Jesus ein: »*Niemand wird sie mir entreißen.*«

Ich nahm ein Stück Kreide und zeichnete an die Tafel eine große Hand. In diese Hand malte ich ein kleines, lächelndes Strichmännchen, und darüber zeichnete ich eine zweite Hand, sodass das Strichmännchen völlig von den beiden Händen umhüllt war. Dann zitierte ich diese zwei Sätze von Jesus: »*Niemand wird sie mir entreißen*« – und »*Niemand kann sie aus der Hand des Vaters reißen*« (Johannes 10,28.29).

»Das ist meine Sicherheit«, erklärte ich dem Lehrer und den Schülern. »Jesus gehört mein Leben, und er und sein Vater halten mich fest. Es wäre schrecklich unsicher, wenn *ich* mich an ihnen festhalten müsste. Das würde auf die Dauer bestimmt nicht gut gehen. Da müsste ich ständig Angst haben, dass meine Kräfte nachlassen, dass mein Wille versagt und die Hurrikans des Lebens mich schließlich wegreißen. Nein, das wäre keine Geborgenheit. Nun aber hat er – Jesus Christus selbst – die Garantie gegeben, dass er und der Vater alle festhalten und zum Ziel bringen, die sich ihm anvertraut haben.«

Tief überzeugt schreibt dazu der Apostel Paulus: »*Was kann man dazu noch sagen? Wenn Gott für uns ist, wer kann da noch gegen uns sein? Gott hat nicht einmal seinen eigenen Sohn verschont, sondern hat ihn für uns alle gegeben. Und wenn Gott uns Christus gab, wird er uns mit ihm dann nicht auch alles andere schenken? Wer wagt es, gegen die Anklage zu erheben, die von Gott auserwählt wurden? Gott selbst ist ja der, der sie gerecht spricht. Wer sollte uns verurteilen? Christus Jesus selbst ist ja für uns gestorben. Mehr noch, er ist der Auferstandene. Er sitzt auf dem Ehrenplatz zur rechten Seite Gottes und tritt für uns ein. Kann uns noch irgendetwas von der Liebe Christi trennen? Wenn wir vielleicht in Not oder Angst geraten, verfolgt werden, hungern, frieren, in Gefahr sind oder sogar vom Tod bedroht werden? Schon in der Schrift heißt es: ›Weil wir an dir festhalten, werden wir jeden Tag getötet, wir werden geschlachtet wie Schafe.‹ Aber trotz alldem tragen wir einen überwältigenden Sieg davon durch Christus, der uns geliebt hat. Ich bin überzeugt: Nichts kann uns von seiner Liebe trennen. Weder Tod noch Leben, weder Engel noch Mächte, weder unsere Ängste in der Gegenwart noch unsere Sorgen um die Zukunft, ja nicht einmal die Mächte der Hölle können uns von der Liebe Gottes trennen. Und wären wir hoch über dem Himmel oder befänden uns in den tiefsten Tiefen des Ozeans, nichts und niemand in der ganzen Schöpfung kann uns von der Liebe Gottes trennen, die in Christus Jesus, unserem Herrn, erschienen ist«* (Römer 8,31-39).

Und dann ist da noch eine dritte erfahrbare Aussage. Jesus sagt: »*Meine Schafe hören auf meine Stimme; ich kenne sie, und sie folgen mir*« (Johannes 10,27). Wer sich Jesus Christus anvertraut, darf nun, im Bild gesprochen, hinter ihm hergehen. Dieser Mensch erlebt Führung. Da ist einer, der den Weg kennt, der vorausgeht, der spurt, der die Schneisen schlägt. Jesus tut das. Christen werden geführt. Wie oft habe ich das schon in kleinen, aber auch in lebensentscheidenden Situationen erfahren.

Damit die Aussage »Führung« hier nicht nur ein abstrakter Begriff bleibt, ein Schlagwort ohne Farbe, möchte ich zumindest eine Erfahrung dazu berichten:

Sichere Navigation

In einem Behindertenzentrum sollte ich eine Andacht über den Bibeltext »*Vergiss nicht, was Gott dir Gutes getan hat*« halten. Ich gebe zu, dass mir das ziemliche Kopfzerbrechen bereitete. So blätterte ich in der Bibel und überlegte, wie man einen solchen Text für Menschen auslegen kann, denen das Leben übel mitgespielt hat. »*Vergiss nicht, was Gott dir Gutes getan hat*« – das klingt, wenn es ein Gesunder einem Kranken sagt, sehr unbarmherzig. Bei diesen Überlegungen kam mir eine Idee: »Schokolade für meine jungen Zuhörer!« Ich hatte doch eine Woche zuvor einige Tafeln aus der Schweiz mitgebracht. Die könnte ich zunächst austeilen und danach die Andacht halten. So machte ich mich auf die Suche nach der Schokolade. Aber sie war offenbar schon verzehrt worden. Die Zeit war knapp, und ich musste mich auf den Weg machen. Ich griff nach meinem Gitarrenkoffer, eilte zum Auto und fuhr los. Immer wieder ging mir die Idee mit der Schokolade durch den Kopf. Aber für diesmal war nichts mehr zu machen. Damit musste ich mich wohl abfinden. Als ich in jenem Behindertenzentrum ankam, waren viele schon im Speisesaal versammelt. Ich legte den Gitarrenkoffer auf den Tisch und öffnete ihn. Was ich dabei entdeckte, war beinahe unglaublich: Schokolade! Überall waren die Zwischenräume mit Schokolade ausgefüllt, mit echter Schweizer Schokolade. Ich hatte keine Ahnung, wie die da hineingekommen war, und ich hatte auch keine Zeit, darüber nachzudenken. Ich sagte nur sehr bewegt: »Danke, Herr Jesus« und teilte aus. Es reichte für jeden, und es war noch übrig. Später erfuhr ich dann, dass eine Mitarbeiterin bei einem missionarischen Einsatz in der Schweiz den Gitarrenkoffer mit Schokolade gefüllt hatte. Aber was wäre gewesen, wenn ich in der Zwischenzeit nach meiner Gitarre gegriffen hätte? War nicht das alles eine wunderbare Führung Gottes? Dieser originelle Gedanke der Mitarbeiterin, der eine Woche unberührte Gitarrenkoffer und die Idee: Schokolade für das Behindertenzentrum.

Ich glaube an die detaillierte Führung Gottes, auch wenn ich das nicht immer so greifbar erkennen kann. Ich versuche nicht, alle Lebensrätsel zu lösen, und zerbreche mir nicht den Kopf über alle Lebensereignisse. Ich will danken, vertrauen und fröhlich vorwärts gehen. Zu oft habe ich die Führung durch Jesus handgreiflich erfahren, als dass ich daran zweifeln könnte. Ich gehöre ihm, und er wird seinen Plan in meinem Leben verwirklichen. Was ich gestern und heute erlebt habe, werde ich auch morgen erleben: Führung.

Der Satz, der viele damals im Tempel in Jerusalem so schockierte: »*Ich, ich bin der gute Hirte*«, soll für Sie der Ruf zur Lebenshingabe an Jesus Christus und zum Vertrauen in allen Situationen des Lebens sein.

3. Nicht für alle

Ich habe diesen Satz »*Ich bin der gute Hirte*« schon in unzähligen Ausführungen an allen möglichen und unmöglichen Orten gelesen: in Wohnungen, Kirchen, Gastzimmern, Jugendräumen, Hausfluren, in Holz eingebrannt oder geschnitzt, gedruckt, handgeschrieben, in Kupfer graviert, mit und ohne Bild. Ich möchte nichts dagegen sagen, aber ich möchte eines zu bedenken geben: Jesus Christus ist nicht der gute Hirte für alle, sozusagen automatisch, etwa durch die Taufe oder durch Kirchenzugehörigkeit. Das hat er selbst in jener Hirtenrede unmissverständlich erklärt. Einer ganz bestimmten Gruppe unter seinen Zuhörern sagte er: »*Aber ihr glaubt mir nicht, weil ihr nicht zu meiner Herde gehört*« (Johannes 10,26 GNB).

Was waren das für Leute, denen er das so kompromisslos sagte? Dazu die Antwort von Jesus: »*Ihr glaubt mir nicht.*« Der Begriff Glauben kann besser mit Vertrauen oder Anvertrauen übersetzt werden. Es geht dabei nicht nur um ein verstandesmäßiges Glauben, sondern um ein lebensmäßiges Anvertrauen. Vertrauen ist also das Schlüsselwort. Wir finden es überall in der Bibel: »*Gott liebte die Menschen so sehr, dass er seinen einzigen Sohn hergab. Nun wird jeder, der sein Vertrauen auf den Sohn Gottes setzt, nicht zugrunde gehen, sondern ewig leben*« (Johannes 3,16 GNB).

Jesus sagte einmal zu den Menschen, die die Frage nach dem Willen Gottes stellten: »*Gott verlangt nur eins von euch: Ihr sollt dem vertrauen, den er gesandt hat*« (Johannes 6,29).

In einem Brief, den der Apostel Paulus an die Christen in Rom schrieb, greift er dieses Thema schon in den ersten Zeilen auf: *»Durch die Gute Nachricht macht Gott seine große Treue bekannt. In ihr zeigt er, wie er selbst dafür sorgt, dass Menschen vor ihm bestehen können. Der Weg dazu ist von Anfang bis zum Ende das bedingungslose Vertrauen auf ihn. So steht es in den heiligen Schriften: Wer Gott vertraut, kann vor ihm bestehen und wird leben«* (Römer 1,17 GNB).

Vertrauen heißt binden. Jesus Christus vertrauen heißt, sich an ihn für Zeit und Ewigkeit zu binden. Wo das ein Mensch nicht nur will, sondern in einer bewussten Lebenshingabe auch tut, da wird er aufgenommen in die Herde des guten Hirten. Und nehmen Sie bitte auch dieses Bild von der Herde ernst: Christ ist man nicht bloß für sich allein. Wer zu Jesus Christus kommt, kommt auch zu seiner »Herde«. Menschen, die zu Jesus gehören, gehören auch zueinander. Das ist die weltweite Gemeinde von Jesus und es sind die Gemeinden von Jesus in den Dörfern und Städten. Alle, die zu ihr gehören, bekennen sich zu Jesus Christus, zu dem, der gesagt hat:

> *»Ich bin der gute Hirte.*
> *Der gute Hirte opfert sein Leben*
> *für die Schafe.«*

Jesus – Hoffnungsträger

ICH BIN die AUFERSTEHUNG –
dabei sein

*Ich, ich bin die AUFERSTEHUNG
und das Leben.
Wer an mich glaubt, wird leben,
auch wenn er stirbt.
Er wird ewig leben,
weil er an mich geglaubt hat,
und niemals sterben.*

Einmal stand ich am Sterbebett einer älteren Dame. Sie war sehr intelligent, und sie hatte sich für vieles interessiert. Nur einen Bereich hatte sie bewusst ausgeklammert: das Sterben. Jetzt, sozusagen in letzter Minute, stellte sie dazu Fragen. Sie konnte nur noch flüstern, und sie sah mich ängstlich, fast verzweifelt an, als ich ihr mit der Bibel in der Hand Antwort gab. Einmal schien es so, als könnte sie noch glauben, aber dann brachen die Zweifel durch, und sie schüttelte den Kopf. Schließlich drehte sie sich erschöpft zur Seite, und ich musste das Gespräch abbrechen. Kurze Zeit danach starb sie.

Was wird aus dem Menschen, wenn er hier die Augen schließt? Wohin geht er? Hat die Bibel Recht – oder der Koran? Finden wir im Buddhismus die Antwort oder in der Religion der Naturvölker? Kann man sich auf die Grenzerlebnisse Sterbender verlassen, oder sind das alles psychologisch erklärbare Phänomene? Wie ist das mit Himmel und Hölle, mit Auferstehung und Gericht? Fragen über Fragen. Eines kann zumindest heute mit Sicherheit gesagt werden: Die atheistischen Parolen ziehen nicht mehr. Sterben ist keine Endstation. Sterben ist kein Aus.

Bei einem aktuellen Anlass greift Jesus Christus dieses Thema auf. Vor ihm steht eine verzweifelte und zutiefst enttäuschte Frau – Martha mit Namen. Jesus kannte sie gut. Gelegentlich war er bei ihr und ihrer Schwester zu Gast. Sie wohnten mit ihrem Bruder Lazarus in Bethanien. Lazarus war ein persönlicher Freund von Jesus. Und genau das war das Problem – jener Freund war Tage zuvor gestorben. Nein – nicht plötzlich, nicht völlig überraschend, sondern infolge einer Krankheit. Jesus war ganz in der Nähe gewesen, und die Frauen hatten zu ihm geschickt und ihn dringend um seine Hilfe gebeten. Aber Jesus hatte die Boten beruhigt und sie mit den Worten zurückgesandt: *»Lazarus' Krankheit wird nicht zum Tode führen; sie dient vielmehr der Verherrlichung Gottes. Der Sohn Gottes wird durch sie verherrlicht werden«* (Johannes 11,4).

▪ Enttäuschung ▪

Und dann hatte der Tod doch zugepackt – Lazarus war gestorben. Nichts war sichtbar geworden von der Herrlichkeit des Sohnes Gottes. Keine Offenbarung göttlicher Kraft war geschehen. Der Tod hatte gesiegt. Sie mussten Lazarus zu Grabe tragen. Und das Enttäuschende: Jesus war nicht einmal dazuge-

die Auferstehung

kommen. Er hatte die beiden Frauen nicht nur in der schweren Zeit der Krankheit allein gelassen, sondern auch in den Tagen der besonderen Trauer. Das musste erst verkraftet werden.

Nun war er gekommen – vier Tage zu spät, und Martha empfängt ihn mit den vielsagenden Worten: *»Herr, wärst du hier gewesen, wäre mein Bruder nicht gestorben«* (Johannes 11,21).

Vielleicht spürte sie die ganze Härte dieses vorwurfsvollen Grußes und fügte darum hinzu:

»Aber auch so weiß ich, Gott wird dir alles geben, was auch immer du ihn bittest« (Johannes 11,22).

Darauf antwortete Jesus: *»Dein Bruder wird auferstehen.«*

»Ja«, erwiderte Martha, *»am Tag der Auferstehung, wenn alle Menschen auferstehen«* (Johannes 11,23.24).

»Nein«, sagte Jesus zu ihr, *»davon rede ich jetzt nicht. Höre bitte genau auf das, was ich sage.«*

Und danach sprach Jesus eines seiner unvergleichlichen »Ich, ich bin-Worte«:

»Ich, ich bin die Auferstehung und das Leben. Wer an mich glaubt, wird leben, auch wenn er stirbt. Er wird ewig leben, weil er an mich geglaubt hat, und niemals sterben« (Johannes 11,25.26).

Und nun überstürzen sich die Ereignisse. Martha eilt nach Hause und ruft ihre Schwester Maria. Gemeinsam gehen sie mit Jesus und seinen Jüngern zum Grab. Dort angekommen, erwarten schon viele Menschen den prominenten Rabbi. Als sie Jesus erblicken, geht ein Raunen durch die Menge. Einige sprechen es offen aus: *»Dieser Mann hat doch einen*

Blinden geheilt. Warum konnte er Lazarus nicht vor dem Tod bewahren?«

Die Atmosphäre ist gespannt. Was wird Jesus darauf antworten? Wie wird er in dieser kritischen Situation reagieren?

»Rollt den Stein fort«, befiehlt Jesus.

Entsetzt unterbricht ihn Martha: *»Herr, inzwischen wird der Gestank schrecklich sein, denn er ist schon seit vier Tagen tot.«*

Jesus schaut Martha an – durchdringend und ernst, und dann antwortet er: *»Habe ich dir nicht gesagt, dass du die Herrlichkeit Gottes sehen wirst, wenn du glaubst?«*

Einige wälzen schon den Grabstein zur Seite. Das Raunen der Menschen verebbt. Spannungsgeladene Stille breitet sich aus. Sie alle beobachten Jesus, wie er zum Himmel schaut und sein Mund sich zum Gebet öffnet: *»Vater, ich danke dir, dass du mich erhört hast. Ich weiß, dass du mich immer erhörst, doch ich sage es wegen der vielen Menschen, die hier stehen, damit sie glauben können, dass du mich gesandt hast.«*

Danach wendet sich Jesus dem offenen Felsengrab zu und ruft mit durchdringender Stimme in die Gruft hinein: *»Lazarus, komm heraus!«*

Da geschieht das Unglaubliche: Der Verstorbene erscheint. Es ist, als ob ein riesiger Magnet ihn aus dem Dunkel des Grabes ziehen würde. Ein unheimlicher Anblick – umwickelt von Kopf bis Fuß mit Grabtüchern. Er kann nicht sehen, er kann die Füße nicht bewegen – aber er kommt. Entsetzt blicken sich die Menschen an. Jedes Wort bleibt ihnen im Hals stecken. Was sich hier vor ihren Augen ereignet, ist einmalig, ist unglaublich. Der vor vier Tagen Verstorbene lebt. Er steht vor ihnen. Martha kann es kaum fassen. Was hatte Jesus vor einer Stunde zu ihr gesagt?

»Ich, ich bin die Auferstehung und das Leben. Wer an mich glaubt, wird leben, auch wenn er stirbt. Er wird ewig leben, weil er an mich geglaubt hat, und niemals sterben.«

Das war kein religiöser Spruch, kein billiger Trost – Jesus hatte es hier bewiesen. Er ist die Auferstehung – und was auf dem Friedhof in Bethanien soeben geschehen war, war ein Zeichen, ein handfestes, nicht wegzudiskutierendes Zeichen dafür.

»Ich, ich bin die Auferstehung.«

Was damals, in jener Krisenstunde, Jesus zu Martha sagte, hat später die erste christliche Gemeinde als Jesusbekenntnis aufgenommen und weitergetragen. Es hat durch die Jahrhunderte hindurch Unzählige aufgerichtet, hat ihnen Hoffnung an Sterbebetten gegeben und ihnen geholfen, Gegenwart und Zukunft in einem neuen Licht zu sehen.

Die Bibel zeigt, dass das Thema der Auferstehung, auch von diesem »Ich, ich bin-Wort« Jesu her, eine mehrfache Bedeutung hat. Das möchte ich hier aufzeigen.

1. Die wichtigste Auferstehung – dabei sein ist alles

Ich erinnere Sie an das Gespräch, das Jesus bei der Begegnung vor Bethanien mit Martha führte. Jesus sagte zu ihr: *»Dein Bruder wird auferstehen.«*

Darauf erwiderte Martha: »*Ja, am Tag der Auferstehung, wenn alle Menschen auferstehen.*«

Aber Jesus Christus geht auf diese Aussage über die allgemeine Auferstehungshoffnung nicht ein. Er korrigiert diesen Satz, indem er antwortet: »*Ich, ich bin die Auferstehung und das Leben.*«

Martha blickt in die Zukunft, sie sieht ein ganz bestimmtes Ereignis: Die Gräber öffnen sich. Die Toten stehen auf. Jesus Christus aber nimmt diese Vorstellung weg und bewegt sie dazu, auf ihn zu schauen. Er öffnet ihr die Augen für eine ganz neue Dimension der Auferstehung. Er zeigt ihr, dass die Auferstehung nicht zuerst ein futuristisches Ereignis ist, sondern dass die Auferstehung eine Person ist. Er sagt: »*Ich, ich bin die Auferstehung und das Leben.*« Und dann fügte er hinzu. »*Wer mich annimmt, wird leben.*«

Ich nenne das Auferstehungsereignis, von dem Jesus hier spricht, die wichtigste Auferstehung, und ich möchte erklären, was ich darunter verstehe.

Sehen Sie, die Bibel zeigt uns, dass alle Menschen durch die Sünde »tot« sind. Der Apostel Paulus erklärt diesen Zustand so: »*Auch ihr wart früher tot aufgrund eurer Sünden. Ihr habt genauso in der Sünde gelebt wie der Rest der Welt, beherrscht von Satan, der im Machtbereich der Luft regiert. Er ist der Geist, der in den Herzen derer wirkt, die Gott nicht gehorchen wollen. Doch Gott ist so barmherzig und liebte uns so sehr, dass er uns, die wir durch unsere Sünden tot waren, mit Christus neues Leben schenkte, als er ihn von den Toten auferweckte*« (Epheser 2,1.2.4.5).

Der andere Tod

Dass der Apostel hier nicht vom physischen Tod spricht, liegt klar auf der Hand, denn die, denen er das schreibt, waren ja keine Leichen, bevor sie Christen wurden. Es gibt ein inneres Totsein, ein im Inneren des Seins ohne Leben sein. Sie können voller Ideen stecken und doch ohne »Leben« sein. Sie können vital sein, erfolgreich, kreativ und doch ohne Leben sein. Es gibt Leben ohne Leben, das ist es, was Jesus hier anspricht. Hören Sie dazu noch einen Satz aus der bekanntesten Geschichte, die Jesus erzählte, aus dem Gleichnis vom verlorenen Sohn.

Sie wissen, dass der jüngere Sohn des Vaters sich sein Vermögen auszahlen ließ und dann das Weite suchte. Verantwortungslos bis zum »Geht nicht mehr« verprasste er alles mit Frauen und Freunden, bis er pleite war. Schließlich landete er halb verhungert und total heruntergekommen bei einem Bauern, der ihn als Schweinehirt anstellte. Am tiefsten Punkt angekommen, traf der junge Mann den Entschluss, nach Hause zu gehen. Der Vater, der ja hier ein Bild für Gott ist, sagt, nachdem er ihn mit großer Liebe empfangen hat, ihn umarmte und küsste: *»Mein Sohn hier war tot und ist ins Leben zurückgekehrt«* (Lukas 15,24).

Auch hier ist dieses »tot« etwas völlig anderes als ein körperliches Gestorbensein. Es ist ein inneres Totsein, weil er sich vom Vater getrennt hatte. In den Armen des Vaters wurde er lebendig. Er erhielt das Leben, das wirklich Leben ist.

Existieren oder leben?

»Leben ist das Allerseltenste auf der Welt, die meisten Menschen existieren nur«, schrieb der englische Schriftsteller Oskar Wilde. Eine provozierende Aussage. Aber die Bibel bestätigt sie.

Anhand einer Glühbirne möchte ich Ihnen bildhaft zeigen, dass der Unterschied zwischen Leben und Existieren sehr groß ist, und ich vergleiche dieses Existieren mit dem, was Jesus in jenem Gleichnis vom verlorenen Sohn »tot« nennt.

Eine Glühbirne existiert von dem Zeitpunkt an, an dem sie hergestellt wurde. Danach wird sie verpackt und in einem Zentrallager aufbewahrt. Auch dort existiert sie. Später gelangt sie in ein Elektrogeschäft. Sie liegt hinter Glas oder in einem Kasten und existiert. Irgendwann kauft sie jemand und legt sie zu Hause in ein Schubfach. Aber auch dort existiert sie lediglich. Nehmen wir an, eine Glühbirne hätte eine Seele, sie könnte denken und empfinden, dann würde sie sich irgendwie unerfüllt fühlen. Sie würde fragen: »Wozu bin ich eigentlich hier? Es muss doch mehr geben als das, was ich bis jetzt erlebt habe?« Eines Tages nun greift eine Hand nach der Verpackung, nimmt die Glühbirne heraus und schraubt sie in eine Fassung. Plötzlich fließt eine für sie bis dahin unbekannte Kraft durch sie hindurch und bringt sie zum Leuchten. Sie strahlt und alles in ihr jubelt: »Das ist es!«, ruft sie. »Jetzt lebe ich!« Können Sie sich vorstellen, dass die Glühbirne diesen Tag nie vergessen wird? Immer und immer wieder wird sie von der Stunde sprechen, in der der Strom durch sie hindurchfloss und sie plötzlich »lebte«.

Es gibt also für eine Glühbirne zwei Möglichkeiten: Sie kann außerhalb des Stromkreises sein, dann existiert sie nur, sie ist tot. Oder sie kann mit dem Stromkreis in Verbindung sein, dann lebt sie. Und sehen Sie, diese zwei Möglichkeiten gibt es auch für den Menschen. Dabei geht es allerdings nicht um elektrischen Strom, sondern um Gott. Ein Mensch kann mit Gott in Verbindung sein, dann lebt er. Oder er kann getrennt, ohne eine persönliche Beziehung zu Gott sein, dann existiert er nur. Hören Sie dazu einen unmissverständlichen Satz aus der Bibel: *»Wer an den Sohn Gottes glaubt, hat das Leben; wer aber an den Sohn Gottes nicht glaubt, der hat auch das Leben nicht«* (1. Johannes 5,12).

Ich möchte an dieser Stelle noch einmal an die Glühbirne erinnern: Nur wenn sie mit dem Stromkreis verbunden ist, lebt sie. Es kommt also nicht auf die Gestalt der Leuchte an oder auf den Wert, sondern nur darauf, dass der elektrische Strom durch sie hindurchfließen kann. Es kommt auch nicht darauf an, wie weit sie vom Stromkreis entfernt ist, ob einen Millimeter oder einen Zentimeter oder einen Kilometer, sondern nur auf das eine: Sie muss mit dem Strom verbunden sein. Ich übertrage das wieder auf den Menschen.

Ich habe Menschen während meines missionarischen Dienstes auf der Reeperbahn in St. Pauli kennen gelernt, die innerlich unendlich weit von Gott weg waren. Aber als sie erschüttert und tief bewegt zu Jesus kamen und sich ihm anvertrauten, erlebten sie die Revolution ihres Lebens. Gottes Heiliger

Geist, der Strom des Lebens und der Liebe, floss in sie hinein und sie begannen zu leben.

Ich habe religiöse Menschen kennen gelernt, die an Gott glaubten, die zuvorkommend, hilfsbereit und edel waren und trotzdem nicht lebten, sondern nur existierten. Sie waren – wenn Sie an das Bild mit der Glühbirne denken – ziemlich nah am Stromkreis, aber sie waren nicht mit ihm verbunden. Sie hatten Religion, aber sie hatten keine persönliche Beziehung zu Gott. Einige begriffen das nach intensiven Gesprächen und ließen sich von Jesus Christus ergreifen und mit Gott in Verbindung bringen. Auch sie erlebten mit Erstaunen das Geheimnis des Lebens.

Nun will ich Ihnen anhand der Bibel den dunklen Hintergrund des nur Existierens – dieses inneren Totseins zeigen.

Ich verweise dabei noch einmal auf den Satz, den der Apostel Paulus an die christlichen Gemeinden in Kleinasien schrieb: »*Auch ihr wart früher tot aufgrund eurer Sünden. Ihr habt genauso in der Sünde gelebt wie der Rest der Welt*« (Epheser 2,1.2).

Dieser Satz klingt seltsam widersprüchlich. »*Ihr wart früher tot*«, schreibt Paulus und dann heißt es weiter: »*Ihr habt in der Sünde gelebt.*« Einmal sagt er: »*Ihr wart ... tot*« und danach »*Ihr habt ... gelebt.*« Man kann doch nur entweder tot sein oder leben, aber man kann doch nicht beides zugleich sein. Oder doch? Ja, man kann beides zugleich sein, denn wenn die Bibel von »tot« spricht, dann meint sie an zentralen Stellen des Neuen Testamentes nicht das körperliche Gestorbensein, sondern ein inneres Getrenntsein von Gott. Es gibt viele Millionen in unserem Land, die keine innere Verbindung zu Gott haben und dennoch vital, erfolgreich und glücklich leben. Dieses Sein aber bezeichnet die Bibel als »tot«. Es ist das Nur-Existieren. Und wer an dieser Stelle der Sache auf den Grund geht, der entdeckt den Ursprung dieses Totseins auf den ersten Seiten der Bibel, und zwar im Bericht vom Sündenfall unserer ersten Eltern. Adam und Eva wurden von einer dunklen Macht verführt und taten das, was Gott verboten hatte. In diesem Griff nach dem Verbotenen wurden sie von Gott weggerissen. Sie hatten ein »Gift« zu sich genommen, das ihnen innerlich, im tiefsten Kern ihrer Person, den Tod brachte. Gott hatte sie davor gewarnt und ihnen gesagt: *»Ihr werdet sterben«* (1. Mose 2,17). Und genau das geschah. Sie verloren das Leben aus Gott, aber sie existierten weiter. Und seit diesem Ereignis werden alle Nachkommen Adams, also alle Menschen, in diesem Zustand des Nur-Existierens geboren. In diesem Sinn hat Oskar Wilde Recht, wenn er schreibt: »Leben ist das Allerseltenste auf der Welt, die meisten Menschen existieren nur.« Denn genau das erklärt auch die Bibel. Keiner lebt, nur weil er lebt. Auf diesem Hintergrund formuliere ich eine der wichtigsten Fragen, die ein Mensch stellen kann:

Wie finde ich zum Leben?

Zur Beantwortung dieser Frage verweise ich wieder auf eine Glühbirne. Sie werden sicher nicht protestieren, wenn ich sage, dass eine Glühbirne sich nicht selbst mit dem Stromkreis in Verbindung bringen kann. Seit es Glühbirnen gibt, hat es so etwas jedenfalls noch nie gegeben. Eine Glühbirne braucht eine Hand, die sie ergreift und in die Fassung schraubt. Und das gilt auch für den Menschen. Weil der Mensch durch die Trennung von Gott geistlich tot ist, kann er nicht selbst zu Gott zurückkommen. Er kann den Wunsch haben, das zu tun. Er kann beten, meditieren, glauben, sich bemühen – aber er kann sich nicht selbst mit Gott in Verbindung bringen. Und genau da kommt uns das Evangelium entgegen und wird zu einer frohen Botschaft. Hören Sie dazu einen zentralen Satz der Bibel: »*Als der festgesetzte Zeitpunkt da war, sandte Gott seinen Sohn*« (Galater 4,4).

Sie können das auch so lesen: »*Als der festgesetzte Zeitpunkt da war, sandte Gott seine rechte Hand*« – die Hand, die Sie ergreifen kann. Die Hand, die Sie mit dem ewigen Stromkreis – Gott – vereinen kann. Die Hand, die Sie in die Fassung – Gott – einschrauben kann. Es ist die Hand, in der Gottes Herz schlägt. Die Hand der Liebe. In dem Augenblick, wo sich ein Mensch von dieser Hand ergreifen lässt, erlebt er die wichtigste Auferstehung. Sie geschieht nicht am »Jüngsten Tag«, von dem Martha sprach, sondern sie geschieht auf der Erde, sie geschieht in diesem Leben und sie kann jetzt bei Ihnen geschehen.

Vor einiger Zeit lernte ich während einer missionarischen Woche eine ältere Frau kennen. Sie saß Abend für Abend in der zweiten Reihe und hörte auf-

die Auferstehung

merksam zu. An einem Abend unterhielt ich mich mit ihr über Glaubensfragen. Dabei hatte ich den Eindruck, dass ihr das, was die Bibel Leben nennt, noch fehlt. Sie war religiös orientiert, ging regelmäßig zur Kirche und glaubte an Gott. Und trotzdem wurde ich den Eindruck nicht los, dass sie jene Auferstehung zum Leben noch nicht erlebt hatte. Leider konnte ich ihr nicht helfen. Ihre religiöse Grundorientierung wirkte wie eine Blockade. Sie war fest davon überzeugt, dass sie ein guter Christ sei. Monate später begegnete ich ihr zu meinem großen Erstaunen wieder. Sie hatte sich zu einem Gebetsseminar angemeldet. Am letzten Abend, ich wollte noch etwas im Vortragssaal richten, begegnete ich ihr auf der Treppe. Sie strahlte mich an, streckte mir impulsiv ihre Hand hin und sagte: »Jetzt können Sie mir gratulieren.«

Etwas verwirrt fragte ich: »Haben Sie heute Geburtstag?«

»Nein!«, sagte sie lachend. »Aber jetzt lebe ich. Jetzt bin ich ein Kind Gottes.« Und dann berichtete sie, dass sie bei einer Mitarbeiterin in der Seelsorge war und dabei erkannte, dass ihr das Entscheidende fehlte. Nach einer Lebensbeichte habe sie Jesus Christus als ihren Retter und Herrn angenommen. Jetzt sei alles anders. Sie fühle sich ganz neu.

Was jene ältere Frau erlebt hatte, war die »Auferstehung«, von der Jesus sprach.

»Und ich versichere euch: Die Zeit kommt, ja sie ist bereits da, in der die Toten die Stimme des Sohnes Gottes hören werden. Und wer sie hört, wird leben« (Johannes 5,25).

In der christlichen Tagesgaststätte in St. Pauli unterhielt ich mich mit einem jungen Mann über den christlichen Glauben. Ich gab mir wirklich alle Mühe, auf seine Fragen einzugehen und ihm das Wichtigste über die Beziehung zu Gott zu erklären. Aber es war zum Verzweifeln. Er begriff absolut nichts. Seine Vorstellungen waren so verworren, dass ich schließlich aufgab. Ein Mitarbeiter spielte dann mit ihm »Mensch-ärgere-dich-nicht!«.

Einige Zeit danach hatten wir einen Freigottesdienst auf der Reeperbahn. Ich sprach nach einer Anbetungszeit über den bekanntesten Satz der Bibel: *»Denn Gott hat die Welt so sehr geliebt, dass er seinen einzigen Sohn hingab, damit jeder, der an ihn glaubt, nicht verloren geht, sondern das ewige Leben hat«* (Johannes 3,16).

Danach rief ich die Zuhörer auf, sich Jesus Christus anzuvertrauen. Da trat jener junge Mann, mit dem ich das scheinbar so vergebliche Gespräch geführt hatte, nach vorn und kniete sich auf dem Bürgersteig nieder. Eine solche Situation hatte ich noch nie erlebt. Ich überlegte kurz, was ich da tun konnte, und kniete mich dann neben ihn. Bevor ich etwas fragen konnte, sagte er: »Ich will zu Gott kommen. Helfen Sie mir.«

»Hast du eigentlich verstanden, um was es dabei geht?«, fragte ich ihn.

»Na klar«, sagte er, »Gott liebt mich und darum will ich ihm gehören.«

Ich erklärte ihm kurz, dass man nur durch ein Gebet der Hingabe an Jesus Christus zu Gott kommt«. Danach fragte ich: »Soll ich dir ein solches Gebet Satz für Satz vorsprechen?«

»Ja«, war die klare Antwort.

So beteten wir mit wenigen Sätzen, wie das eben in einer so seltsamen Situation möglich ist. Danach fragte ich ihn unsicher: »Kannst du glauben, dass Jesus Christus dich angenommen hat?«

Da strahlte er mich an und sagte: »Ich weiß es.«

Als ich dann weiter mit ihm sprach, hatte ich den starken Eindruck, dass er das erlebt hatte, was Jesus mit »Auferstehung« bezeichnete.

Jesus Christus versichert seinen Zuhörern und auch Ihnen: *»Wer meine Botschaft hört und an Gott glaubt, der mich gesandt hat, der hat das ewige Leben. Er wird nicht für seine Sünden verurteilt werden, sondern ist bereits den Schritt vom Tod ins Leben gegangen«* (Johannes 5,24).

Bitte verbinden sie diese Verheißung mit dem Satz: *»Ich, ich bin die Auferstehung und das Leben. Wer an mich glaubt, wird leben, auch wenn er stirbt. Er wird ewig leben, weil er an mich geglaubt hat, und niemals sterben.«*

Diese beiden Aussagen: *»... sondern ist bereits den Schritt vom Tod ins Leben gegangen«* (Johannes 5,24) und *»Er wird ewig leben, weil er an mich geglaubt hat, und niemals sterben«*, meinen dasselbe. In beiden Texten spricht Jesus von einer neuen Qualität des Lebens, es ist Leben, das dem Vergänglichkeitsprozess nicht mehr unterworfen ist. Jesus hat damit also nicht gesagt, dass die, die ihm nachfolgen, körperlich nicht mehr sterben werden. Das wäre ein verhängnisvoller Irrtum.

Wer sich Jesus Christus übereignet, erlebt jetzt die Auferstehung und empfängt in ihr das Leben, das der

Tod nicht mehr vernichten kann. Darum nenne ich es die *wichtigste Auferstehung*. Sie entscheidet über Zeit und Ewigkeit. Sie verändert unser gesamtes Sein.

Ich möchte Ihnen das sehr eindrücklich schildern: Wenn Sie leben wollen, wirklich leben, und wenn Sie die Ewigkeit bei Gott verbringen möchten, dann brauchen Sie diese Auferstehung, die Jesus ist. Oder einfacher gesagt: Sie brauchen Jesus Christus. Kein anderer und nichts anderes kann Ihnen dieses Leben geben. Sie können dieses Auferstehungsleben nicht durch Meditation erhalten. Sie können dieses neue Leben nicht durch irgendwelche Erleuchtungen bekommen. Sie können dieses neue Sein nicht durch religiöse Übungen empfangen. Es gibt nur einen Weg: den Lebensanschluss an Jesus Christus. Das ist es, was wir brauchen.

2. Die herrlichste Auferstehung

Allerdings wäre es eine gefährliche Verkürzung, wenn jemand jetzt auf den Gedanken käme, damit sei das Thema der Auferstehung behandelt. Jesus Christus hat zwar Martha korrigiert, als sie auf die Zusage: *»Dein Bruder wird auferstehen!«* antwortete: *»Ja, am Tag der Auferstehung, wenn alle Menschen auferstehen.«* Er hat die Auferstehung von einer unbestimmten Zukunft in die Gegenwart geholt und damit Martha von einem zukünftigen Ereignis abgelenkt und sie auf seine Person aufmerksam gemacht, indem er sagte: »*Ich bin die Auferstehung.*« Aber damit wollte er nicht sagen, dass es keine zukünftige Auferstehung gibt. Nein! Dann müssten ja alle anderen Auferstehungstexte der Bibel durchgestrichen werden und damit auch viele Aussagen, die Jesus sonst noch zu diesem Thema gemacht hat. Vergegenwärtigen Sie sich zunächst noch einmal die Selbstaussage von Jesus: »*Ich, ich bin die Auferstehung und das Leben. Wer an mich glaubt, wird leben, auch wenn er stirbt. Er wird ewig leben, weil er an mich geglaubt hat, und niemals sterben.*«

Jesus sagt, dass die gegenwärtige Auferstehung zu einem neuen Leben, das der Tod nicht mehr zerstören kann, aber auch jede weitere Auferstehung als zukünftiges Ereignis nur durch ihn möglich ist. Durch sein Sterben am Kreuz und durch seine Auferstehung hat er die Türen zu einem Leben in neuen Dimensionen geöffnet. In dem klassischen biblischen Kapitel der Auferstehung hat das der Apostel Paulus überzeugend dargelegt: »*Aber nun frage ich euch: Wenn wir predigen, dass Christus von den Toten auferstanden ist, wie können einige von euch da behaupten, es gäbe keine Auferstehung der Toten? Wenn es nämlich keine Auferstehung der Toten gibt, dann ist auch Christus nicht auferstanden. Und wenn Christus nicht auferstanden ist, dann war unser Predigen wertlos und auch euer Vertrauen auf Gott ist vergeblich. Ja, in diesem Fall hätten wir Apostel sogar Lügen über Gott verbreitet, denn wir haben ja versichert, dass Gott Christus auferweckt hat, und das kann nicht wahr sein, wenn es keine Auferstehung von den Toten gibt. Denn wenn es keine Auferstehung der Toten gibt, dann ist auch Christus nicht auferstanden. Wenn aber Christus nicht auferstanden ist, dann ist euer Glaube nutzlos und ihr seid nach wie vor in euren Sünden gefangen. In diesem Fall wären alle Menschen, die im Glauben an Christus gestorben sind, verloren! Wenn der Glaube an Christus nur für dieses Leben Hoffnung gibt, sind wir die elendesten Menschen auf der Welt. Nun ist aber Christus als Erster von den Toten auferstanden. So wie der Tod durch einen Menschen – Adam – in die Welt kam, hat nun durch einen anderen Menschen – Christus – die Auferstehung von den Toten begonnen. Die Menschen sterben, weil alle mit Adam verwandt sind. Ebenso werden durch Christus alle lebendig gemacht und neues Leben empfangen. Es gibt aber eine Reihenfolge: Christus zuerst und wenn er wiederkommt, dann die, die zu ihm gehören«* (1. Korinther 15,12-23).

Und genau das nenne ich die *herrlichste Auferstehung:* »Wenn er, Jesus Christus, wiederkommt, werden die auferweckt, die zu ihm gehören.«

Freude pur

Ein Bericht aus der Offenbarung vermittelt uns einen Eindruck von der Freude, der Begeisterung, dem Staunen und dem Hingerissensein derer, die diese Auferstehung erlebt haben und im Thronbereich Gottes sein dürfen: *»Danach sah ich eine riesige Menschenmenge – viel zu groß, um sie zählen zu können – aus allen Nationen und Stämmen und Völkern und Sprachen vor dem Thron und vor dem Lamm stehen. Sie waren mit weißen Gewändern bekleidet und hielten Palmzweige in ihren Händen. Und sie riefen laut: ›Die Rettung kommt*

die Auferstehung

von unserem Gott, der auf dem Thron sitzt, und von dem Lamm!‹ Und alle Engel standen rings um den Thron und um die Ältesten und die vier lebendigen Wesen. Und sie fielen vor dem Thron nieder und beteten Gott an. Sie riefen: ›Amen! Lob und Herrlichkeit und Weisheit und Dank und Ehre und Macht und Stärke gehören unserem Gott für immer und ewig. Amen!‹« (Offenbarung 7,9-12).

Bei der Abschlussveranstaltung des Kongresses für Weltevangelisation Lausanne II in Manila, 1989, gab es für mich eine unvergleichliche Erfahrung, als 5000 Evangelisten, Missionare und führende Persönlichkeiten der Kirche bei der letzten Veranstaltung sich erhoben und den Anbetungschorus sangen: »Majestät, herrliche Majestät, dir sei Ehre, Herrlichkeit und Lob.« Dabei erlebte ich ein Stück Herrlichkeit des Himmels. Eine bewegende Atmosphäre der Anbetung breitete sich in diesem Saal aus. Ich konnte die Tränen nicht zurückhalten.

Aber noch viel herrlicher wird es sein, wenn die Jünger von Jesus aus aller Welt und aus den zurückliegenden Jahrtausenden auferstehen werden und den »Anbetungschorus« der Errettung vor Gottes Thron anstimmen. Dieser Sound wird unvergleichbar sein. Diese Atmosphäre wird alles übertreffen, was Menschen je an Liebe, Freude und Begeisterung erlebt haben.

Ich erinnere mich an eine Evangelisation, die ich kurz nach dem Zweiten Weltkrieg als Teenager miterlebte. Die Kirche war Abend für Abend überfüllt. Kinder und Jugendliche saßen auf den Fensterbänken und im Altarraum. Und an jedem Abend wurde zum Abschluss das Lied gesungen:

Wenn nach der Erde Leid, Arbeit und Pein
ich in die goldenen Gassen zieh ein,
wird nur das Schaun meines Heilands allein
Grund meiner Freude und Anbetung sein.
Das wird allein Herrlichkeit sein,
wenn frei von Weh ich sein Angesicht seh.

Das prägte sich mir unvergesslich ein und hinterließ in mir einen starken Eindruck von der Herrlichkeit der kommenden Welt, in deren Mittelpunkt Jesus Christus, der Retter, ist.

Werden Sie bei dieser herrlichen Auferstehung, die die Bibel auch die erste Auferstehung nennt, dabei sein?

Der Apostel Johannes durfte etwas von dieser Atmosphäre der Herrlichkeit erleben. Für eine kurze Zeit wurde er vom Geist Gottes in den Thronsaal Gottes geführt. Er sah die unzählbare Schar der Anbeter. Hörte ihr begeistertes Singen. Sah den Glanz der Freude in ihren Augen. Er selbst berichtet: »*Dann fragte mich einer der vierundzwanzig Ältesten:* ›*Wer sind diese, die in Weiß gekleidet sind? Woher kommen sie?*‹ *Und ich sagte zu ihm:* ›*Mein Herr, du weißt es.*‹ *Da sagte er zu mir:* ›*Das sind diejenigen, die aus der großen Prüfung kommen. Sie haben ihre Kleider im Blut des Lammes gewaschen und weiß gemacht. Deshalb stehen sie nun vor dem Thron Gottes und dienen ihm Tag und Nacht in seinem Tempel ...*‹« (Offenbarung 7,13-15).

Das ist das Geheimnis der Erlösten: »*Sie haben ihre Kleider* – ein Bild für das Leben – *im Blut des Lammes gewaschen und weiß gemacht. Deshalb stehen sie nun vor dem Thron ...«* Sie haben sich als schuldig vor Gott erkannt, sie haben ihre Sünden, den Egoismus, die Lüge, das Streben nach Ehre und Macht, sie haben Eifersucht und Neid, die sexuellen Verfehlungen nicht auf die leichte Schulter genommen, nicht mit den Worten abgetan, dass ja alle Menschen Sünder sind und jeder seine Macken hat. Sie haben ihre Charakterfehler nicht religiös übertüncht, nicht psychologisch umgedeutet. Sie haben ihre Sünden Jesus Christus, dem für die Sünde Gekreuzigten, bekannt und sein Opfer für sich in Anspruch genommen. *»Deshalb stehen sie nun vor dem Thron.«* So wurde der, der sich die Auferstehung und das Leben nennt, für sie zur Auferstehung und zum Leben.

Wenn Sie das alles noch einmal überdenken, die Szene vor dem Thron, das Jauchzen der Auferstandenen, die Atmosphäre der Anbetung und Liebe, dann werden Sie sicher der Aussage zustimmen: »Dabei sein ist wunderbar.« Sie dürfen dabei sein, wenn Sie ihre Sünden bereuen und Jesus Christus vertrauen.

3. Die schreckliche Auferstehung

Ich möchte Ihnen eine Auferstehung nicht verschweigen, von der die Bibel auch spricht – ich nenne sie die schreckliche Auferstehung. Es liegt doch offen auf der Hand: Wer hier an Gott gleichgültig vorbeigelebt hat, wer die Gebote Gottes mit Füßen trat, wer sich rücksichtslos durchsetzte, wer spottete und fluchte, der wird eine Auferstehung erleben, die schrecklich ist. Wenn er dann der Realität ins Auge sehen muss, dass Gott existiert und dass es eine absolute Gerechtigkeit gibt, dann stelle ich mir das furchtbar vor. Eine solche Szene wird auf den letzten Seiten der Bibel beschrieben: »*Und ich sah einen großen weißen Thron und den, der darauf sitzt. Die Erde und der Himmel flohen vor seiner Gegenwart, aber sie fanden keinen Ort, um sich zu verbergen. Ich sah die Toten, die großen und die kleinen, vor Gottes Thron stehen. Und es wurden Bücher aufgeschlagen, darunter auch das Buch des Lebens. Und die Toten wurden nach dem gerichtet, was in den Büchern über sie geschrieben stand, nach dem, was sie getan hatten*« (Offenbarung 20,11.12).

Wenn alles ans Licht kommt

Möchten Sie dabei sein, wenn die Bücher geöffnet werden, auch das Buch Ihres Lebens? Möchten Sie dabei sein, wenn alles ans Licht kommt, auch das Verborgenste, alle Gedanken und Beweggründe des Herzens? Möchten Sie dabei sein, wenn Gott die Fragen stellt und der Mensch, wie die Bibel sagt, »nicht eine einzige beantworten« kann? Dabei sein ist schrecklich! Und – vielleicht ist es Ihnen aufgefallen – hier ist keine Freude, keine Begeisterung, keine Anbetung. Hier ist geradezu lähmendes Entsetzen, eine unheimliche Stille. Wer diese Auferstehung zum Gericht erlebt, der hat keine Hoffnung mehr, denn hier ist der, der sich »*die Auferstehung und das Leben*«

nannte, der Richter. Die Zeit der Gnade ist abgelaufen, das Tor zur Rettung verschlossen. Jetzt laufen die Prozesse, in denen Gottes Licht in die letzten Abgründe des Herzens fällt. Keiner kommt durch, wenn Gott in seiner absoluten Gerechtigkeit das Urteil spricht.

Ich bin so froh, dass Jesus Christus gesagt hat: »*Ich versichere euch:* ›*Wer meine Botschaft hört und an Gott glaubt, der mich gesandt hat, der hat das ewige Leben. Er wird nicht für seine Sünden verurteilt werden* (genau heißt es: *Sie kommen nicht in das Gericht*), *sondern ist bereits den Schritt vom Tod ins Leben gegangen*›« (Johannes 5,24).

Damit der Mensch nicht diese schreckliche Auferstehung erleben muss, wird ihm jetzt die völlige Vergebung angeboten, wird er jetzt eingeladen, zu Jesus Christus zu kommen, wird er durch Gottes Wort gelockt, gerufen, gemahnt. Darum sollte jeder ernst nehmen, was Jesus Christus in jener unvergesslichen Stunde zu Martha sagte:

> »*Ich, ich bin die Auferstehung*
> *und das Leben.*
> *Wer an mich glaubt, wird leben,*
> *auch wenn er stirbt.*
> *Er wird ewig leben,*
> *weil er an mich geglaubt hat,*
> *und niemals sterben.*«

Jesus – Lebensstraße

ICH BIN der WEG –
Keine religiöse Sackgasse

*Ich bin der WEG,
die Wahrheit und das Leben.
Niemand kommt zum Vater
außer durch mich.*

»Der Mensch ist ein religiöses Wesen« – dieser Ausspruch eines bekannten Psychologen ist nicht aus der Luft gegriffen. Die gesamte Menschheitsgeschichte bestätigt es. Wer im Buch der Geschichte blättert, stößt fast immer zuerst auf Religionen. Alle Völker und alle Kulturen der Vergangenheit und zum Teil auch der Gegenwart sind entscheidend von religiösen Systemen und Anschauungen geprägt. Denken Sie bitte an die unzähligen Tier- und Menschenopfer, die den Göttern gebracht wurden. Denken Sie an die monumentalen Bauten, die man Göttern oder Gott geweiht hat – an Tempel, Moscheen, Kirchen, Statuen. Denken Sie an den Einfluss der Religionsstifter, der Priester, Gurus und Medizinmänner. Wir leben in einer multireligiösen Gesellschaft. Neben Kirchen stehen Moscheen. Auf den Fußgängerzonen unserer Großstädte werben Hare-Crischna-Anhänger mit ihren monotonen Gesängen, Buddhisten bieten Gespräche an und Mormonen stellen ihre Bilderwände auf. Immer wieder werde ich gefragt: »Ist nicht an allen Religionen etwas Wahres?« Diese Frage ist berechtigt und sie ist aktuell. Ich antworte darauf mit einem überzeugten »Ja« und nenne vier wesentliche Inhalte, die alle Religionen miteinander verbinden.

1. In allen Religionen spricht man von Gott oder von Göttern. Die Muslime nennen ihn Allah. Die Indianer reden von Manitu. Die Juden beten Jahwe an. Die Hindus verehren Millionen Götter, die viele Namen tragen. Die Babylonier brachten dem Gott Baal Opfer und die Sumerer glaubten an die Göttin Aschera. Die Aufzählung könnte beinah endlos fortgesetzt werden.
2. Alle Religionen rechneten und rechnen mit einem Jenseits und mit einem Weiterleben nach dem Sterben. »Land ohne Wiederkehr« nannten es die Babylonier. »Ewige Jagdgründe« die Indianer. »Paradies« nennen es die Muslime. Die Juden sprechen vom »Versammeltwerden zu den Vätern«. Im Buddhismus und im Hinduismus hofft man auf das »Nirwana«.
3. Wir finden in allen Religionen das innere Wissen, dass der Mensch, so wie er lebt, Gott oder seinen Göttern nicht gefallen kann. Darum wurden und werden Opfer gebracht: Menschenopfer, Tieropfer, Opfer an Zeit, Besitz und Geld. Beschwerliche Reisen an heilige Orte wurden und werden gefordert und Wallfahrten unternommen – alles, um Gott zufrieden zu stellen, um Gott gnädig zu stimmen.
4. Alle Religionen sind auch geprägt von der Suche des Menschen nach Gott und von dem Streben, mit Gott oder mit den Göttern in Verbindung zu kommen.

Wer sich also mit den Religionen befasst, wird feststellen, dass der alle Religionen verbindende Hintergrund die Frage nach Gott oder der Gottheit ist. Der Mensch hat eine Urahnung von Gott in seinem Innern, und er möchte mit diesem Ursprung allen Seins, wie auch immer er ihn sich vorstellt, in Verbindung treten, er möchte ihn kennen lernen und sich seiner bemächtigen. Wie verschiedenartig die Religionen auch waren und sind – eines haben sie gemeinsam: Es geht um das Transzendente, das Außerirdische, eben um Götter, um Gottheiten, um Gott und um die Beziehung des Menschen zu ihnen.

Wahrheitsfrage

Die Frage war: Ist nicht an allen Religionen etwas Wahres? – Aber nun bitte ich Sie, die beiden Begriffe »etwas Wahres« besonders zu beachten. **Etwas Wahres** ist noch nicht **die Wahrheit**. Etwas ist immer nur ein Teil. Etwas kann mehr oder weniger sein. Aber etwas ist nie das Ganze. Wenn es um Nebensächliches geht, um Zweit- oder Drittrangiges, dann kann man sich mit »etwas« zufrieden geben, aber wenn es um Existenzielles geht, um Lebensnotwendiges, dann ist »etwas Wahres«, also eine Teilwahrheit, zu wenig.

Ich möchte das an einem Beispiel verdeutlichen: Ein Mensch fühlt sich seit Monaten unwohl. Er nimmt ständig ab, ist müde und hat Schmerzen. Nun sucht er einen Arzt auf. Der Arzt untersucht den Patienten flüchtig und stellt danach eine Diagnose, die unzutreffend ist. Vielleicht ist an ihr etwas Wahres, aber eben nur etwas. Darum wird auch die Therapie, die der Arzt verordnet, nur etwas Erleichterung bringen, aber sie wird keine wirkliche Hilfe sein. Im Gegenteil: Wenn der Patient sich nun auf die Verordnungen des Arztes verlässt, wird der Krankheitsprozess fortschreiten und möglicherweise zum Tod führen. »Etwas« ist also in diesem Fall nicht nur keine Hilfe, sondern »etwas« ist äußerst gefährlich, ist lebensgefährlich.

An allen Religionen ist etwas Wahres – das stimmt –, aber weil es im Blick auf Religion um Sein oder Nichtsein geht, um Leben und Tod, um die entscheidenden Fragen überhaupt, um Gott und Ewigkeit, darum ist »etwas« nicht nur zu wenig, sondern »Etwas« ist gefährlich, weil es in die Irre führt. Die beste Religion ist darum der gefährlichste Irrtum, weil die beste Religion die scheinbar richtige Diagnose ist und die scheinbar richtige Therapie anbietet. Sie hat mehr »Etwas« als andere Religionen. Aber sie hat dennoch nicht die Wahrheit, sondern nur etwas mehr Wahres. Was der Mensch aber braucht, ist die Wahrheit und nicht etwas Wahres. Wir brauchen die Wahrheit über Gott und die Wahrheit über den Weg, wie man Gott begegnen und eine persönliche Beziehung zu ihm bekommen kann.

Jesus Christus griff diese Thematik auf. Er sprach von Gott. Er sprach sehr konkret, unmittelbar, wie selbstverständlich, geradezu schockierend einfach von Gott. Er nannte Gott Vater – seinen Vater. Und er rührte an die Ursehnsucht des Menschen, wenn er darüber sprach, wie der Mensch Gott kennen lernen kann, wie er Gott persönlich erfahren kann, wie er mit Gott leben kann. Seine Schüler waren davon tief ergriffen; seine Zuhörer, und oft waren es Tausende, wurden davon angezogen. Die Frische und Unmittelbarkeit, in der Jesus von Gott redete, war neu für sie. So hatten sie das noch nie gehört und noch nie erlebt. Die Bibel berichtet: »*Er sprach mit Vollmacht – anders als die Schriftgelehrten*« (Matthäus 7,29). Sein Reden von Gott war so radikal und ungewohnt anders, dass es heiße Fragen aufwarf. Dieses völlig neue Von-Gott-Sprechen kann in der Selbstaussage Jesu zusammengefasst werden: »*Ich bin der Weg, die Wahrheit und das Leben. Niemand kommt zum Vater außer durch mich*« (Johannes 14,6).

Lassen Sie mich das unmissverständlich sagen: Mit dieser Aussage hat Jesus Christus alle Religionen als ungenügend und als Irrwege vom Tisch der Menschheitsgeschichte gewischt, denn er hat nicht von **Wegen** und **Wahrheiten** gesprochen, die er anzubieten hat, sondern er hat von **dem Weg** und von **der Wahrheit** gesprochen. Und dann hat Jesus Christus Weg und Wahrheit nicht mit irgendeiner religiösen Lehre in Verbindung gebracht, mit Opfern und Riten, sondern mit sich selbst. Er sagte: »*Ich bin der Weg und die Wahrheit.*« Er hat Weg und Wahrheit personifiziert. Er hat seinen Zuhörern gesagt: »In meiner Person steht Weg und Wahrheit vor euch. Ich verkörpere sie. Ich zeige nicht nur den Weg, sondern ich bin der Weg. Ich sage nicht nur die

Wahrheit, sondern ich bin die Wahrheit. Es gibt keinen Weg und keine Wahrheit außerhalb von mir. Wer den Weg und die Wahrheit will, muss zu mir kommen. Wer den Weg und die Wahrheit will, muss sich an mich binden. Wer den Weg und die Wahrheit will, muss mit mir leben. Wer den Weg und die Wahrheit will, muss sich mir anvertrauen. Und das unheimlich Provozierende an dieser Aussage war, dass Jesus sie in einer durch und durch religiösen Umgebung machte. Er sprach diese Sätze in Jerusalem, an dem Ort, an dem der jüdische Tempel das prägende Kennzeichen war, das religiöse Heiligtum. In ihm wurden täglich viele Opfer gebracht. In ihm beteten die Menschen Gott an. Auf den Straßen dieser Stadt wimmelte es von Priestern und Pilgern. Der Tagesrhythmus war von der jüdischen Religion bestimmt. Und genau dort erklärte Jesus: Was ihr in keiner Religion findet, das findet ihr bei mir: »*Ich bin der Weg, die Wahrheit und das Leben. Niemand kommt zum Vater außer durch mich.*«

Das war und ist in der Tat eine aufregende Aussage. Ich vereinfache und konkretisiere diesen Satz einmal. Jesus sagte: »Ohne mich kommt niemand zu Gott.« Oder positiv formuliert: »Durch mich findet jeder zu Gott.« Sie können auch sagen: »Jesus ist der einzige Weg zu Gott, die einzige Möglichkeit, Gott wirklich kennen zu lernen und mit ihm jetzt und immer zu leben.« Diese Behauptung von Jesus muss auf jeden religiös orientierten Menschen und auf jeden pluralistisch gepolten Menschen unheimlich wirken. Mit diesem Ausspruch streicht Jesus ja alle anderen

Wege zu Gott durch. Damit erklärte er alle Religionen als Sackgassen oder als Irrwege. Und bedenken Sie bitte, dass Jesus das nicht in einem atheistisch orientierten Staat gesagt hat, sondern in einem Land und in einem Volk, das tief religiös geprägt war. Die heilige Schrift, die Thora, wurde in allen Synagogen des Landes gelesen. Die religiösen Gesetze wurden peinlich genau eingehalten. Und nun tritt dieser Jesus von Nazareth in der religiösen Metropole des Landes, in Jerusalem, auf und erklärt: »Alles, was ihr hier tut, um zu Gott zu kommen, ist ein Irrweg, ist eine Sackgasse – niemand kommt zum Vater außer durch mich. An mir müsst ihr euch orientieren. Mir müsst ihr euch anvertrauen. Es gibt nur einen Weg, der zum Ziel führt – und dieser Weg steht vor euch. Ich bin der Weg. Das musste Tumult geben. Das konnte sich die religiöse Elite des Landes nicht gefallen lassen. Das war in ihren Augen Aufruhr, Gotteslästerung, Verführung. Das war Hybris, Anmaßung, unglaubliche Selbstüberschätzung. Das war ein Schlag ins Gesicht für jeden religiös empfindenden Menschen, für jeden, der bis jetzt glaubte, dass Beten, Opfern und das Einhalten der göttlichen Gebote zu Gott führt. Es war an den fünf Fingern abzuzählen, dass dadurch das Ansehen von Jesus ruiniert werden würde. Nein, das konnte nicht gut gehen.

»Ich bin der Weg, die Wahrheit und das Leben. Niemand kommt zum Vater außer durch mich.«

Ich sage das noch einmal: In der Welt wimmelt es von Religionen. Wo sie auch hinreisen, Sie begegnen meist zuerst der Religion. Und die Religion hat eine ungeheure Macht, einen unglaublichen Einfluss. Und nun kommt einer – Jesus Christus –, wirft sich diesem ganzen Religionsbetrieb entgegen und ruft: Sackgasse! Ich bin der Weg! Lüge! Ich bin die Wahrheit. Darüber muss ich mit Ihnen nachdenken.

1. Religion als Sackgasse

Es kann nicht darum gehen, Religionen fanatisch zu verurteilen. Es kann nicht darum gehen, das, was Menschen verehren, mit einer Handbewegung abzutun. Es kann nicht darum gehen, Lebensinhalte, denen sich Menschen völlig ausgeliefert haben, für die sie Opfer bringen, herunterzumachen. Wer dieses Jesuswort oder wer die Deutung dieses Jesuswortes so empfindet, liegt falsch. Jesus war kein Fanatiker, kein blinder Eiferer, kein liebloser Revolutionär. Die Bibel berichtet von ihm genau das Gegenteil. Ein Strom der Liebe ging von ihm aus. Er hatte Zeit für den Einzelnen. Die Einfachen, die Armen, die Abgeschobenen standen bei ihm hoch im Kurs. Wenn er trotzdem Sätze sagte, die wie ein Hammer wirkten, dann sicher nicht darum, den Status quo niederzureißen. Es ging Jesus um die Wahrheit, es ging ihm um den Menschen, um das Sein überhaupt. Er hatte Durchblick. Er wusste, was eigentlich mit uns los ist. Er hatte die einzig richtige Diagnose, und er kannte darum auch die einzig helfende Therapie. Sein Programm, das allen seinen Aussagen zugrunde lag, kann mit einem seiner Sätze präzise wiedergegeben werden: »*Der Menschensohn ist gekommen, um Verlorene zu suchen und zu retten*« (Lukas 19,10).

Jesus Christus kam auf diese Erde, um verlorene Menschen zu retten. Verloren ist jeder, der von Gott getrennt ist – und getrennt von Gott ist jeder durch den Sündenfall der Menschheit und durch seine eigenen Sünden. Es gäbe keine Religionen, wenn es nicht am Anfang der Menschheitsgeschichte im Paradies zum Sündenfall gekommen wäre. Das Paradies war die religionsfreie Zone, denn dort lebte der Mensch in persönlicher Beziehung mit Gott. Er sprach mit ihm. Er ging mit ihm. Er kannte ihn. Wo aber Gott und Menschen zusammen sind, ist Religion überflüssig. Als der Mensch jedoch von Gott durch Ungehorsam und Rebellion abfiel, musste das Vakuum der Gottestrennung ausgefüllt werden. Die große Suche begann. Das verzweifelte Fragen begann. Wo ist Gott? Wer ist Gott? Wie ist Gott? Kann ich ihn finden? Wird er mich annehmen oder wegstoßen? Ist er ein liebender oder ein zürnender Gott? Was muss ich tun, um sein Gefallen zu finden? Wie viel Opfer muss ich bringen? Fragen über Fragen. Der Mensch fühlte sich verloren in einer feindlichen Umgebung, und er ist in der Tat verloren.

So entstanden die Religionen, so entstanden heilige Orte und religiöse Bräuche. Alle Religionen entstanden aus der Verzweiflung des Menschen, aus einer inneren Angst, aus der Urahnung, dass einmal alles ganz anders war. Religionen wollen Wege zu Gott sein.

Das helfende Bild

Ein Missionar, der jahrelang unter den verschiedensten Religionen gearbeitet hat, brachte einmal folgenden aufschlussreichen Vergleich: Er erzählte von einem Mädchen, einer Fünfjährigen, die im Gewühl der Großstadt die Mutter verloren hatte. Nun steht sie weinend und hilflos an einem Fußgängerübergang. Ein Polizist entdeckt die Kleine, erfährt, was da geschehen ist, und fragt nach ihrem Namen. Er kann auch die Adresse ausfindig machen. Und dann erklärt er ihr den Weg nach Hause. Sie soll über die Kreuzung gehen, aber erst dann, wenn die Fußgängerampel auf Grün steht. Es sind jedoch eine ganze Menge Kreuzungen zu überqueren. Irgendwann kommt eine Bushaltestelle. Sie sollte auf die richtige Nummer des Busses achten, und dann müsste sie auch umsteigen, und das nicht nur einmal. Ein langer, ein gefährlicher und ein komplizierter Weg. Der Polizist wünscht ihr viel Glück und verschwindet. Sie aber ist fünf Jahre alt. Sie hat nichts begriffen. Im Gegenteil, es ist alles noch schlimmer als vorher. Nein, das war wirklich keine Hilfe.
So sind die Religionen. Sie sind Sackgassen. Vieles ist verwirrend, kompliziert und undurchsichtig. Irgendwo bleibt der Mensch hängen. Religionen führen nicht zum Ziel.

Jesus Christus sagt, dass der Mensch verloren ist. Verlorene aber brauchen einen Retter, keine Regeln. Verlorene brauchen jemanden, der zupacken kann, eine helfende Hand, keine Belehrung, keine Gesetze und Riten.

Es ist Wahnsinn, einem Ertrinkenden einen Schwimmkurs anzubieten.

Es ist sinnlos, einem Verblutenden zu erklären, wo die nächste Blutbank ist.

Es ist irrig, einem Abgestürzten Unterricht im Bergsteigen zu erteilen.

Die Bibel zeigt, dass wir verloren sind, und die Bibel sagt, dass dieses Verlorensein die Folge der Sünde ist: »*Eure Sünden sind eine Schranke, die euch von Gott getrennt hat. Wegen eurer Sünden verbirgt er sein Antlitz vor euch und will euch nicht mehr hören*« (Jesaja 59,2).

Aber die Bibel sagt nicht nur das, sondern sie spricht auch davon, wie wir Rettung erfahren können, wie wir zurückfinden können, wie wir wieder zu Gott, dem Vater, kommen können. Jesus ist die helfende Hand Gottes. Jesus ist die Blutbank zum Leben. Jesus ist das Rettungsseil.

2. Jesus, der Weg

»*Ich bin der Weg und die Wahrheit und das Leben, niemand kommt zum Vater außer durch mich.*«

Ich möchte Ihnen diese Beispielgeschichte des Missionars zu Ende berichten. Sie will ja den Unterschied zwischen den Religionen und Jesus Christus erklären. Darum hat sie eine Variante mit einem völlig anderen Ausgang.

Sie erinnern sich an das kleine Mädchen, das mitten in der Großstadt die Mutter verloren hat. Da steht es nun an der Fußgängerampel. Überall sieht es nur fremde Menschen. Der Polizist entdeckt es und spricht es freundlich an. Er erfährt den Namen, die Straße, die Hausnummer. Er tröstet die Kleine und sagt: »Ich kann dir helfen. Der Weg ist gefährlich und weit, aber ich bringe dich heim.« So nimmt er ihre kleine Hand und führt sie.

So ist Jesus. Darum wurde er, der Sohn Gottes, Mensch. Darum nannte er sich der Weg. Darum bat er die Menschen, sich an ihn zu binden und sich ihm anzuvertrauen. Er kam von zu Hause und kann darum auch nach Hause bringen. Er kam vom Vater und kann darum auch zum Vater führen.

Vor mir liegt ein Brief, den mir ein junges Ehepaar schrieb. Ich zitiere daraus einige Zeilen: »Meine Frau und ich haben viele Jahre in ziemlicher Gleichgültigkeit gegenüber Gott gelebt. Schließlich wurden wir Anhänger der New-Age-Bewegung. Eines Tages erhielten wir Ihr Taschenbuch »Die Reise ins eigene Herz«. Nachdem wir die ersten Seiten gelesen hatten, warfen wir es entsetzt und beleidigt in den Papierkorb. Der Grund dafür war Ihre Stellungnahme zu den östlichen Religionen. Wir wurden aber dann doch dazu bewegt, Ihr Buch wieder aus dem Papierkorb zu retten und es aufmerksam weiterzulesen. Der Satz, dass Jesus der einzige Weg zum Leben sei, ließ uns nicht mehr los. Im Frühjahr letzten Jahres übergaben wir dann in unserer Klinikkapelle unser Leben Jesus Christus. Ein neuer Weg hat damit für uns begonnen. Wir sind glücklich.«

Die lebendige Brücke

In einem Text der Bibel wird diese Selbstaussage von Jesus vom Weg vertieft und neu erklärt:

»Denn es gibt für alle nur einen Gott und es gibt nur einen, der zwischen Mensch und Gott die Brücke schlägt: den Menschen Jesus Christus. Er gab sein Leben, um die ganze Menschheit von ihrer Schuld zu befreien« (1. Timotheus 2,5.6 GNB).

Sie sollten zuerst registrieren, dass eine Brücke nur dann nötig ist, wenn eine Kluft, ein Graben, ein Abgrund trennend zwischen zwei Gebieten liegt. Dieses Bild verwendet hier die Bibel, um die Brückenfunktion von Jesus zu verdeutlichen. Die beiden getrennten Gebiete werden nun personifiziert: Gott auf der einen Seite und der Mensch auf der anderen Seite. Hier der sündige Mensch, dort der heilige Gott. Hier der vergängliche Mensch, dort der ewige Gott.

Zwischen Gott und Mensch liegt der Abgrund der Sünde, der Abgrund der Rebellion, des Ungehorsams, des Egoismus und der Diesseitsorientierung. Kein Religionsstifter konnte diese Kluft überbrücken. Sie wurden ja alle selbst auf der dunklen und trennenden Seite geboren und lebten darum auch auf der Seite der Verlorenen. Kein Engel konnte Brücke sein, denn Engel sind Geschöpfe der anderen Dimension. Gott aber hat einen gebraucht, der Jenseits und Diesseits verbinden kann. Aus dem Jenseits musste einer kommen, um die Brücke werden zu können. Und er musste Mensch werden. Es musste einer sein, der Gott und Mensch zugleich war. Und er kam. Die Bibel berichtet: *»Doch als der festgesetzte*

Zeitpunkt da war, sandte Gott seinen Sohn, geboren von einer Frau und dem Gesetz unterstellt« (Galater 4,4).
Gott hätte Engel senden können oder Erzengel, gewaltige Boten mit unvorstellbarer Kraft. Sie hätten ohne Zweifel auf unserem Planeten eine ganze Menge auf die Beine gestellt und für Ordnung gesorgt. Aber Gott sandte seinen Sohn. Jesus sollte die Brücke sein, der Weg. Warum das? Die Bibel erklärt es: *»Denn Gott hat die Welt so sehr geliebt, dass er seinen einzigen Sohn hingab, damit jeder, der an ihn glaubt, nicht verloren geht, sondern das ewige Leben hat«* (Johannes 3,16). Das ist der Grund: Gottes Liebe zu uns. Gott gab nicht das Zweitbeste, sondern das Beste – seinen einzigen Sohn. Gott war zu diesem Opfer bereit, und der Sohn war zu diesem Opfer bereit. An dem denkwürdigsten Tag der Geschichte wurde diese Brücke geschlagen, an jenem Karfreitag, als Jesus sein Leben opferte. Darum hatte er das Recht und die Autorität, zu sagen: *»Ich bin der Weg und die Wahrheit und das Leben, niemand kommt zum Vater außer durch mich.«*

Was keine Religion bringen konnte, das brachte Jesus – oder genauer gesagt: Das ist Jesus. Er ist der Weg. Er ist die Wahrheit. Er ist das Leben. Jesus war eben kein Religionsstifter wie Mohammed oder Buddha oder Konfuzius. Sie alle waren nur Menschen, fehlerhafte und suchende Menschen. Jesus Christus ist Gottes Sohn. Das ist der Unterschied. Darum konnten die Religionsstifter nur Wege aufzeigen und sie konnten nur »etwas Wahres« bringen.

Aber Jesus konnte sagen: *»Ich bin der Weg und die Wahrheit.«* Sein Absolutheitsanspruch ist in seiner

Person begründet. Es sind drei Eigenschaften, die ihn berechtigten und berechtigen, sich als den Weg und die Wahrheit zu bezeichnen.

Er ist Gott – der Schöpfer

Jesus ist kein Geschöpf, sondern er ist der Schöpfer. Die Bibel sagt: *»Durch ihn hat Gott alles erschaffen, was im Himmel und auf der Erde ist. Er machte alles, was wir sehen, und das, was wir nicht sehen können, ob Könige, Reiche, Herrscher oder Gewalten. Alles ist durch ihn und für ihn erschaffen. Er war da, noch bevor alles andere begann, und er hält die ganze Schöpfung zusammen«* (Kolosser 1,16.17).

Und einer seiner Nachfolger, der Apostel Johannes, schreibt: *»Und wir wissen, dass der Sohn Gottes gekommen ist und uns den einzig wahren Gott erkennen lässt. Und nun haben wir Gemeinschaft mit dem wahren Gott durch seinen Sohn Jesus Christus. Er ist der wahre Gott und das ewige Leben«* (1. Johannes 5,20).

Gott selbst ist in seinem Sohn Jesus Christus auf unseren Planeten gekommen. Das ist das Einzigartige und Einmalige in der Menschheitsgeschichte. Darum ist Jesus der Weg und die Wahrheit.

Er ist Gott – der Erlöser

Sein Kommen war nicht nur eine Visite, nicht nur ein freundlicher Besuch aus dem Jenseits. Sein Kommen war mit einer Tat verbunden, die nur er, als der Schöpfer, vollbringen konnte: Er nahm alle Verfehlungen, alle Sünden aller seiner Geschöpfe auf sich und er übernahm auch die Strafe für alle Sünden, den Tod. Er, der unsterbliches Leben besaß, wählte freiwillig den Tod. Diese überwältigende, fast unvorstellbare Wahrheit beschreibt die Bibel so: *»Obwohl er Gott war, bestand er nicht auf seinen göttlichen Rechten. Er verzichtete auf alles, er nahm die niedrige Stellung eines Dieners an und wurde als Mensch geboren und als solcher erkannt. Er erniedrigte sich selbst und war gehorsam bis zum Tod, indem er wie ein Verbrecher am Kreuz starb«* (Philipper 2,6-8).

»Doch um unserer Missetaten willen wurde er durchbohrt, um unserer Missetaten willen zerschlagen. Er wurde gestraft, damit wir Frieden haben. Durch seine Wunden wurden wir geheilt!« (Jesaja 53,5).

»Da ist das Lamm Gottes, das die Sünde der Welt wegnimmt« (Johannes 1,29).

Das alles geschah, als Jesus Christus an einem Kreuz auf dem Exekutionshügel Golgatha hing. Ausgepeitscht, angespuckt, festgenagelt. Als »der Weg und die Wahrheit« war er bereit, sein Leben als Opfer für unsere Sünden zu geben. Kein Religionsstifter konnte stellvertretend für die Sünden der Menschen sterben, denn sie waren selbst Sünder. Es gab nur einen, der ohne Sünde war und darum die Sünden der Menschen übernehmen konnte – Gottes Sohn.

Er ist Gott – der Vollender

Drei Tage nach seinem Sterben ist Jesus Christus auferstanden. In der Bibel stehen die atemberaubenden Sätze: »*Es ist dieselbe gewaltige Kraft, die auch Christus von den Toten auferweckt und ihm den Ehrenplatz an Gottes rechter Seite im Himmel gegeben hat. Jetzt ist er als Herrscher eingesetzt über jede weltliche Regierung, Gewalt, Macht und jede Herrschaft und über alles andere, in dieser wie in der zukünftigen Welt*« (Epheser 1,20.21).

Es gibt drei große Weltreligionen, an deren Beginn eine Persönlichkeit steht. Die älteste ist das Judentum. An dessen Anfang steht Abraham, den die Bibel den »Vater des Glaubens« nennt. Die zweitälteste Religion ist der Buddhismus. Ihr Gründer ist Buddha. Er lebte etwa fünf Jahrhunderte vor Christus. Die jüngste Weltreligion ist der Islam. Er wurde von Mohammed gegründet, der 570 in Mekka geboren wurde. Aber keine dieser drei Persönlichkeiten hat davon gesprochen, dass ihr Körper nicht in einem Grab verwesen wird. Keiner hat davon gesprochen, dass er auferstehen wird. Abraham starb und wurde begraben. Buddha starb. Man verbrannte seinen Leichnam und verstreute die Asche auf zehn indische Städte. Mohammed starb. Sein Grab ist in Medina und es wird von Millionen frommer Muslime besucht. Auch Jesus Christus starb und wurde in ein Felsengrab gelegt, aber nach drei Tagen hat Gott ihn auferweckt. Das Grab, in dem Jesus lag, ist leer. Es ist das einzige leere Grab in der ganzen Geschichte der Menschheit. Seine Auferstehung beglaubigt und autorisiert die Sätze, die von seiner Einzigartigkeit sprechen.

Weil Jesus der Schöpfer, der Erlöser und der Vollender ist, darum ist er in seiner Person der Weg und die Wahrheit.

3. Bitte gehen Sie ihn

Ein Weg ist erst dann sinnvoll, wenn er begangen wird. Wenn Jesus Christus damals sagte: »*Ich bin der Weg*«, dann war das eine Feststellung und zugleich eine Einladung. Darum fügte er hinzu: »*Niemand kommt zum Vater außer durch mich.*« Und weil der Mensch nach den Worten des Sohnes Gottes keine Auswahl hat, weil es nur einen Weg zum Vater gibt – Jesus – , darum ist dieser Satz eine eindringliche Einladung an alle. Und noch eines: Weil dieser Weg eine Person ist, keine Sache, darum ist diese lebensentscheidende Einladung nicht eine Aufforderung dazu, jetzt das oder jenes zu tun oder einzusetzen, sondern es ist eine Motivation, sich Jesus Christus anzuvertrauen. Sie dürfen sich Jesus anvertrauen, wie jemand sich einem Bergführer anvertraut. Sie können sich Jesus anvertrauen, wie Passagiere sich einem Flugkapitän anvertrauen. Sie sollten sich Jesus anvertrauen, wie ein Patient sich dem Arzt anvertraut. Oder ein besserer Vergleich: Wie man sich dem Menschen mit einer tiefen Liebe anvertraut, mit dem man durchs Leben gehen will, so dürfen Sie sich Jesus anvertrauen. Er lebt. Er ist Ihnen nahe. Jetzt können Sie ihm sagen, dass Sie bereit sind, mit ihm zu leben und sich an ihn zu binden.

Jetzt kann es geschehen

Vor Jahren hatte ich während eines Kuraufenthaltes die Gelegenheit in einem Kursaal Vorträge über den christlichen Glauben zu halten. Unter den Zuhörern war auch eine Ausbildungsleiterin. Das Thema »Warum ich an Jesus Christus glaube« interessierte sie. Sie bat um ein Gespräch. Während eines Spaziergangs berichtete sie mir, dass sie schon einiges in der religiösen Szene ausprobiert habe. Sie sprach von Gurus, von Meditationen und von verschiedenen Religionen. Nichts hatte sie wirklich überzeugt. Die innere Leere blieb. Gott war noch immer der große Unbekannte. Mein persönliches Zeugnis hatte nun erneut Hoffnung in ihr geweckt. Unser Gespräch war sehr zentral. Ich konnte ihr zeigen, was das für sie bedeutet, wenn Jesus sagt: »*Ich bin der Weg, die Wahrheit und das Leben. Niemand kommt zum Vater außer durch mich.*«

»Sind Sie bereit, sich jetzt Jesus, dem Weg zum Vater, anzuvertrauen? In einem Entscheidungsgebet kann das geschehen«, sagte ich.

»Jetzt?«, fragte sie erstaunt. – »Hier?« Wir waren auf einem Segelfluggelände angekommen.

»Warum nicht!«, antwortete ich, »es ist niemand da, der uns stören könnte. Ich würde für Sie beten, und dann können Sie Jesus Christus ansprechen und ihm sagen, dass Sie ihm gehören möchten.«

Sie war bereit dazu – und dann geschah das, wovon die Bibel spricht, dass die »Engel im Himmel sich freuen«. Ein Mensch fand durch Jesus nach Hause zu Gott.

Auch Sie können diese Entscheidung jetzt treffen. Hindert Sie etwas daran, es zu tun?

Hören Sie noch einmal diese wunderbare Einladung des Sohnes Gottes:

Ich bin ...

*»Ich bin der Weg,
die Wahrheit und das Leben.
Niemand kommt zum Vater
außer durch mich.«*

Jesus – Kraftquelle

ICH BIN der WEINSTOCK –
Ende der Energiekrise

Ich bin der WEINSTOCK;
ihr seid die Reben.
Wer in mir bleibt, und ich in ihm,
wird viel Frucht bringen.
Denn getrennt von mir
könnt ihr nichts tun.

Energiekrise – ein Begriff, der am Anfang des vergangenen Jahrhunderts noch unbekannt war. Damals war man überzeugt, dass die Ressourcen der Erde unerschöpflich seien. Erst in den 70er-Jahren wuchs allmählich die Erkenntnis, dass dem nicht so ist. Erste warnende Stimmen waren zu hören, viele aber lächelten darüber. Und dann kamen Wochen, manche werden sich noch daran erinnern, da wurden die Industrienationen von der Ölkrise erschüttert. Die Ölpreise schnellten in die Höhe. An den Sonntagen durften Autos nur noch mit Sondergenehmigung fahren. In Texas lieferten sich Autofahrer an den Tankstellen Schlachten. Es ging um den letzten Liter Treibstoff. Plötzlich, erschreckend für alle, war der Begriff Energiekrise überall das Thema Nr. 1. Jeder wusste: Einmal werden die Ressourcen der Erde zu Ende gehen. Was dann?

Energiekrise! Ich möchte diesen Begriff vom Globalen ins Persönliche holen – ihn auf unser Leben

beziehen. Stecken wir nicht alle dann und wann hoffnungslos in »Energiekrisen«?
- Ehen drohen auseinander zu brechen oder sind schon zerbrochen – Energiekrise der Liebe.
- Generationenkonflikte zerreißen die Familien und machen sie zu einem Kriegsschauplatz – Energiekrise der Verständigung.
- Minderwertigkeitskomplexe hemmen die gesunde Lebensentfaltung – Energiekrise des Wertbewusstseins.
- Ängste vor der Zukunft lähmen das Leben – Energiekrise der Hoffnung.
- Sorgen verdunkeln den Blick für gangbare Wege – Energiekrise des Vertrauens.

Fieberhaft ist der Mensch auf der Suche nach neuen Energiequellen – und es wird Vielversprechendes angeboten. Dazu nur einige Stichworte:

Positives Denken. Sollten wir uns nicht darauf konzentrieren, grundsätzlich nur noch positiv, nur noch aufbauend zu denken? Könnten dadurch nicht in uns ruhende Kräfte freigesetzt werden, z. B. Liebe, Güte, Tragkraft, Mitmenschlichkeit?

Autogenes Training. Eine Meditationsmöglichkeit, die Ausgeglichenheit und Ruhe vermitteln will.

Gruppendynamik. Man könnte in der Gruppe unter Anleitung eines erfahrenen Psychologen Aggressionen loswerden, zu sich selbst finden und ein neues Selbstwertgefühl erhalten.

TM – Transzendentale Meditation. Maharishi Mahesh Yogi, der Vater der TM-Bewegung, sagte: »Die transzendentale Meditation ist der einzige Weg zum

Heil und zum Erfolg im Leben; es gibt keinen andern.« Mehr Energie, gesteigerte Kreativität, geringerer Stress, das sind die Slogans, die in den Informationstexten zu lesen sind.

Was würden Sie dazu sagen, wenn jemand in ein ausgetrocknetes Flussbett einige Eimer Wasser kippte? »Lustig, so etwas« oder vielleicht »besser als nichts«. Aber Sie würden ehrlich zugeben, dass dadurch das Problem nicht gelöst wäre. Genauso sehe ich alle diese menschlichen Hilfsversuche in den Energiekrisen des Lebens. Ich möchte das ehrliche Bemühen, das dahinter steckt, nicht bestreiten, aber entscheidende Hilfe kann das nie sein.

Es gibt da einen faszinierenden Satz in der Bibel. Jesus Christus hat ihn gesprochen. Wer diesen Satz überdenkt, muss sagen: Das ist es. Das ist das Ende aller menschlichen Energiekrisen. Das ist das Geheimnis unerschöpflicher Kraft. Das ist sprühendes, gesundes Leben. Das ist der Weg zur Entfaltung der Persönlichkeit. Ich zitiere dieses Jesuswort: *»Wer an mich glaubt, aus dessen Inneren werden Ströme lebendigen Wassers fließen, wie es in der Schrift heißt«* (Johannes 7,38).

Jesus spricht von Strömen, nicht von einem Rinnsal. Jesus spricht von Strömen, nicht von einer Wasserleitung. Jesus spricht von Strömen, nicht von einer künstlichen Bewässerungsanlage. Von Strömen ist die Rede, wie der Donau oder dem Rhein; von Strömen, wie dem Mississippi oder dem Nil. Strömen, die ganze Landstriche fruchtbar machen. Strömen, die gewaltige Lasten tragen können. Das könnte auch das Ende der persönlichen Energiekrise sein.

In der Tat ein sagenhaftes Angebot. Einer, der es angenommen hat, schreibt begeistert: »*Ob ich nun wenig oder viel habe, ich habe gelernt, mit jeder Situation fertig zu werden: Ich kann einen vollen oder einen leeren Magen haben, Überfluss erleben oder Mangel leiden. Denn alles ist mir möglich durch Christus, der mir die Kraft gibt, die ich brauche*« (Philipper 4,12+13).

▪ Dynamik ▪

Ich blätterte einmal in einem Gästebuch. Plötzlich fiel mein Blick auf zwei seltsam beschriebene Seiten. Mit übergroßen Buchstaben las ich: »Ich wünsche Euch hundertfältige Frucht in eurer Weinbergecke.« Daneben sah ich auf einem Foto eine fröhlich singende ältere Dame. Sie saß an einem Klavier, und auf ihren Knien lag ein Keyboard. »Das ist doch Berta Isselmann«, schoss es mir durch den Kopf. Jene originelle Missionarin aus dem Siegerland. Als sie diesen Satz schrieb, war sie bereits über achtzig. Vor Jahren bin ich ihr auf einem Camp für junge Leute begegnet. Ich reichte ihr die Hand und stellte mich als Redner der Jugendabende vor. »So«, sagte sie, »und ich bin Berta Isselmann, achtundachtzig und voller Dynamik.« Das habe ich dann auch erlebt, als sie am Abend mit ihren Erfahrungen die vielen jungen Leute begeisterte. Eigentlich wollte sie der Leiter des Missio-Camps interviewen. Aber sie nahm ihm entschlossen das Mikrofon aus der Hand und sagte: »Das kann ich schon noch selber halten.« So wurde aus einem geplanten Kurzinterview eine doch ziemlich lange, aber spannende Ansprache. Immer wenn ich den Satz von den Strömen lebendigen Wassers lese, den Jesus gesprochen hat, muss ich an diese älteste Jugendmissionarin der Welt, wie sie an ihrem neunzigsten Geburtstag bezeichnet wurde, denken.

Damit ich an dieser Stelle nicht falsch verstanden werde, möchte ich klärend hinzufügen: Ich rede jetzt nicht von physischer Vitalität. Ich habe Christen kennen gelernt, die in großer körperlicher Schwachheit lebten und dennoch Vertrauen und Liebe ausstrahlten. Sie waren ein Segen für alle, die ihnen begegnet sind.

Was ist das Geheimnis dieser sprühenden Energie – dieser Freude, dieser Begeisterung, dieser göttlichen Bewegung, dieser Ausstrahlungskraft? Jesus verrät es uns in einem seiner bekannten »Ich-bin-Worte«. Er sagte: *»Ich bin der Weinstock; ihr seid die Reben. Wer in mir bleibt, und ich in ihm, wird viel Frucht bringen. Denn getrennt von mir könnt ihr nichts tun«* (Johannes 15,5).

Das ist es! »Ein wunderbares Bild«, werden Sie vielleicht denken. Ich sage Ihnen: Es ist mehr als ein Bild, es ist mehr als nur ein Vergleich. Es ist herrliche und erfahrbare Realität. Sie kann Ihr Leben revolutionär verändern. Sie kann aus schüchternen Mauerblümchen mutige Boten des Evangeliums machen. Sie kann aus kalten Egoisten hingebungsvolle Christen machen. Sie kann aus leichtfertigen Playboys verantwortungsbewusste Menschen machen. Eigentlich beginnt diese Rede vom Weinstock und den Reben mit dem Satz: »*Ich, ich bin der wahre Weinstock*« (Johannes 15,1).

Das muss nach einer Denkpause auf seine Jünger und die umherstehenden Zuhörer wie ein Schock gewirkt haben. Was hatte ihr Meister da soeben betont: »*Ich bin der wahre Weinstock*«? Das musste jeden in der Tradition verwurzelten Juden hochreißen: »*... der – wahre – Weinstock*«. Das konnte doch wohl Jesus nicht ernst gemeint haben, oder doch? Er hatte jedes Wort bewusst ausgesprochen, so als wollte er sagen: »Ich nehme davon nichts zurück, auch wenn ganz Israel auf die Barrikaden steigt.«

Hören Sie zunächst zwei für jeden Juden wichtige Texte aus dem Alten Testament:

»*Du hast uns aus Ägypten herausgeführt wie einen jungen Weinstock; du hast die anderen Völker vor uns vertrieben und uns in deinem Land eingepflanzt. Du hast den Boden für uns gepflügt, wir haben Wurzeln geschlagen und uns im Land ausgebreitet. Unsre Schatten haben die Berge bedeckt und unsre Ranken die mächtigen Zedern. Wir haben unsere Zweige nach Westen bis ans Mittelmeer, unsere Sprösslinge nach Osten bis an den Euphrat ausgebreitet*« (Psalm 80,9-12).

Es steht unzweideutig fest, dass hier mit dem Weinstock das Volk Israel gemeint ist. Der Prophet Hosea sagt das in seinem Brief ebenfalls: »*Israel war wie ein üppiger Weinstock und trug viele Früchte*« (Hosea 10,1).

Und nun greift Jesus Christus offen dieses Thema auf und erklärt: «*Ich bin der wahre Weinstock.*« Hier muss jedes Wort in besonderer Weise betont werden, denn damit sagte Jesus unverblümt: »Nicht ihr als Volk seid der Weinstock. Ihr habt das zwar immer geglaubt, aber die Wahrheit ist, dass ich der Weinstock bin.« Das musste wieder Aufruhr geben. Das konnte nicht einfach so hingenommen werden. Was über Jahrhunderte hinweg das Selbstverständnis des Volkes war, ihr Adel, ihr Stolz, ihr Fundament, das reißt Jesus mit diesem Satz einfach weg. Was Christen aller Jahrhunderte als eines der tiefsten Jesusworte empfunden haben, konnte auf jeden Juden nur wie ein Tiefschlag wirken. Und das musste eines Tages auf Jesus zurückfallen, denn wer lässt sich schon gern »berauben«, wer lässt sich schon ohne Auflehnung aus einer Illusion herausführen? Bedenken Sie bitte diesen historischen Hintergrund, wenn Sie die Selbstaussage von Jesu hören*: »Ich bin der Weinstock; ihr seid die Reben. Wer in mir bleibt, und ich in ihm, wird viel Frucht bringen.«*

1. Jesus – der wahre Weinstock

Sie können das auch moderner sagen, zum Beispiel: Jesus, das Kraftwerk, oder: Jesus, der Amazonasstrom des Lebens. Wie auch immer Sie das benennen wollen, wichtig ist nur eins, dass der Inhalt klar ist. Es geht um Jesus Christus, in dem *»Gott mit der ganzen Fülle seines Wesens wohnt«*, wie es der Apostel Paulus ausdrückt. Wir müssen Jesus Christus besser kennen lernen, den Menschensohn und den Gottessohn, denn er ist unser Schicksal und das Schicksal der ganzen Welt. Die Bibel sagt: »*Wer an den Sohn Gottes glaubt, hat das Leben; wer aber an den Sohn Gottes nicht glaubt, hat auch das Leben nicht*« (1. Johannes 5,12).

Kennen Sie Jesus? Kennen Sie ihn persönlich? Haben Sie eine Beziehung zu ihm?

Als Jesus Christus als Mensch in Palästina lebte, zog er Tausende an. Er war erfüllt von der Liebe Gottes, und er hatte eine wunderbare Ausstrahlungskraft. Jesus war die vitalste Persönlichkeit, die jemals auf dieser Erde lebte: klar, überzeugend, sprühend vor Leben, einfühlsam und durch und durch wahr. Da gibt es ganz bestimmte Ereignisse, die mich beim Lesen der Biografien von Jesus Christus immer wieder neu faszinieren:

Unvergessliche Ereignisse

Ich sehe geradezu diese Szene: Ein Aussätziger kam in seine Nähe und bat ergriffen um Heilung. Die Jünger waren über die Rücksichtslosigkeit des Mannes empört und wollten ihn wegjagen. Sie hatten schon Steine in ihren Händen. Es war in Israel für einen Leprakranken streng verboten, sich unter die Menschen zu wagen. Der Tumult nahm zu. Zornige Rufe waren zu hören. Aber Jesus tat etwas Unglaubliches. Er ging auf diesen Mann zu, sehr ruhig, Schritt für Schritt. Und als er vor ihm stand, legte er seine Hand auf diesen schrecklich entstellten Menschen, zart und liebevoll geschah das. Und dann sprach er gebietend das heilende Wort. Vor den Augen vieler geschah dabei die wunderbare Verwandlung. Die hässlichen Geschwüre verschwanden, die schon verstümmelten Hände waren wieder heil. Fassungslos betrachtete jener Mann seine Hände, griff in sein Gesicht, sah nach seinen Füßen. Es war alles gut, alles neu. Ein Wunder war geschehen.

»*Ich, ich bin der wahre Weinstock.*«

Dann höre ich den entsetzten Ruf der Martha auf dem Friedhof in Bethanien. Vier Tage zuvor hatten sie und ihre Schwester den Bruder zu Grabe getragen. Nun war Jesus gekommen. Sie führten ihn an das Felsengrab. Da stand er inmitten der weinenden, trauernden Menschen. Plötzlich aber wandte er sich Martha zu und sagte: »*Rollt den Stein fort!*« »Nein!«, rief Martha, »*Herr, inzwischen wird der Gestank schrecklich sein, denn er ist schon seit vier Tagen tot.*« Aber dann griffen doch einige Männer zu. Die Umherstehenden schüttelten den Kopf. Einige waren empört, manche fanden es pietätlos, andere schauten verlegen zur Seite. Und mitten in dieser Aufregung rief Jesus mit machtvoller Stimme: »*Lazarus, komm heraus!*« Jeder hielt den Atem an – und plötzlich bewegte es sich im Grab. Wie von einem gewaltigen Magneten gezogen, erschien der Verstorbene, umwickelt von den Leichentüchern. Entsetzt schauten die Trauernden. So etwas war in Israel noch nie geschehen.

»*Ich, ich bin der wahre Weinstock.*«

Sie hatten bei herrlichem Sonnenschein das Fischerboot bestiegen. Petrus, der sich da auskannte, setzte das Segel, und einige griffen zu den Rudern.

Endlich konnten sie sich entspannen. Die Menschen blieben am Ufer zurück. Jesus legte sich zum Schlafen nieder. Doch als sie mitten auf dem See waren, eine Stunde vom Ufer entfernt, geschah es. Der Himmel verdunkelte sich. Erste Blitze zuckten nieder. Der Donner grollte. Ein Wirbelsturm brach über den See herein und wühlte ihn auf. Wellen schlugen ins Boot und rissen es hoch und herunter. Mit angstverzerrten Gesichtern versuchten die Männer, das Schiff vor dem Sinken zu retten. Sie klammerten sich an den Mast. Sie hielten sich an der Reling fest. Einer stürzte zu Jesus. Wie konnte er nur schlafen? Er schrie: »Herr, Herr wir gehen unter!« Jesus erhob sich. Völlig ruhig streckte er seine Hand aus, und dann gebot er dem Sturm und der tobenden See: »*Schweig! Sei still!*«

Drei Worte nur, und es geschah. Plötzlich legte sich der Wind, die Wolken rissen auf, die Wellen wurden kleiner. Stille breitete sich aus. Fassungslos schauten die Männer Jesus an, als er zu ihnen sagte: »*Warum seid ihr so ängstlich?*«

»*Ich, ich bin der wahre Weinstock.*«

Und dann höre ich die letzte Bitte aus dem Mund von Jesus, bevor er sein Leben als Opfer für verlorene Menschen gab: »*Vater, vergib diesen Menschen, denn sie wissen nicht, was sie tun*« (Lukas 23,34). Es war eine unheimliche Atmosphäre auf dem Totenhügel Golgatha. Spottende und fluchende Menschen. Brutale Söldner, die ihre Witze rissen. Die religiöse Oberschicht aus Jerusalem, die sich die Hände rieb und mit beißendem Hohn Jesus aufforderte, die Nägel herauszureißen und vom Kreuz zu steigen. In der Ferne standen fassungslos und verängstigt seine Jünger. Das grauenhafte Geschehen riss ihnen den Boden unter den Füßen weg. Aber mitten hinein in den Hass, in die Verzweiflung, in den Spott, in das Schreien und Fluchen sprach Jesus Christus dieses befreiende Wort von der Vergebung. Er strahlte Gottes Liebe und Gottes Frieden aus.

»*Ich, ich bin der wahre Weinstock.*«

Der Menschensohn ist aber auch der Gottessohn. Der Gekreuzigte ist auch der Auferstandene. Der Erniedrigte ist auch der Erhöhte. Der Apostel Paulus schreibt: »*Ich bete, dass ihr erkennen könnt, wie übermächtig groß seine Kraft ist, mit der er in uns, die wir an ihn glauben, wirkt. Es ist dieselbe gewaltige Kraft, die auch Christus von den Toten auferweckt und ihm den Ehrenplatz an Gottes rechter Seite im Himmel gegeben hat. Jetzt ist er als Herrscher eingesetzt über jede weltliche Regierung, Gewalt, Macht und jede Herrschaft und über alles andere, in dieser wie in der zukünftigen Welt. Gott hat alles der Herrschaft von Christus unterstellt und hat Christus als Herrn über die Gemeinde eingesetzt. Die Gemeinde aber ist sein Leib, und sie ist erfüllt von Christus, der alles ganz mit seiner Gegenwart erfüllt*« (Epheser 1,19-23).

Jesus Christus will das Kraftwerk Ihres Lebens sein, der Strom, der durch Sie hindurchfließt, der Weinstock, an dem Sie Rebe sein dürfen. Sein Leben kann Ihr Leben werden.

2. Sie – die Rebe am Weinstock

Auch bei diesem Vergleich können Sie moderne Bilder wählen. Zum Beispiel: Sie – das Starkstromkabel der Liebe Gottes, oder: Sie – das Flussbett für den Heiligen Geist. Aber gerade hier ist das Bild vom Weinstock absolut einmalig. Es zeigt, wie wichtig es ist, dass wir mit Jesus Christus organisch verbunden sind. »Verbunden, nicht angebunden«, so hat es einmal jemand bezeichnet. Viel zu viele sind an Jesus nur angebunden mit dem dünnen Faden der christlichen Tradition. Sie sind nur angebunden mit dem dünnen Faden der Taufe, der Konfirmation und der Trauung. Sie sind nur angebunden mit dem dünnen Faden einiger Gottesdienstbesuche pro Jahr, mit ein bisschen Glauben und Bibelwissen. Viele kennen nicht einmal mehr dieses »Angebundensein«. Sie haben allem Religiösen längst den Rücken gekehrt. Aber ob eine Rebe einen Meter vom Weinstock entfernt auf dem Boden liegt oder ob sie mit einem Faden an den Weinstock angebunden ist, das Endergebnis ist in jedem Fall das Gleiche: Sie verdorrt. Und das kann und muss auch auf die Beziehung eines Menschen zu Jesus Christus übertragen werden. Wer nicht organisch mit Jesus Christus verbunden ist durch eine persönliche Lebenshingabe an ihn, durch Bekehrung und Wiedergeburt, durch Liebe und Vertrauen, der geht in jedem Fall leer aus, der lebt nicht, der kann keine Frucht bringen.
Sie wissen, wozu Reben da sind. »Frucht« ist das Stichwort. Eine Rebe soll Trauben tragen.

An unserer Überdachung rankt wilder Wein. Von ihm haben wir noch nie Frucht, also Trauben, erwartet. Er ist lediglich Verzierung. Das jedoch ist nicht das Konzept von Jesus für seine Leute. Es geht nicht um Lebensverzierung. Christen sollen Frucht bringen, das hat Jesus Christus unmissverständlich deutlich gemacht. In immer wieder neuen Vergleichen kommt er darauf zu sprechen: *»Ich bin der wahre Weinstock und mein Vater ist der Weingärtner. Er schneidet jede Rebe ab, die keine Frucht bringt, und beschneidet auch die Reben, die bereits Früchte tragen, damit sie noch mehr Frucht bringen. Bleibt in mir, und ich werde in euch bleiben. Denn eine Rebe kann keine Frucht tragen, wenn sie vom Weinstock abgetrennt wird, und auch ihr könnt nicht, wenn ihr von mir getrennt seid, Frucht hervorbringen. Ich bin der Weinstock; ihr seid die Reben. Wer in mir bleibt, und ich in ihm, wird viel Frucht bringen. Denn getrennt von mir könnt ihr nichts tun. Darin wird mein Vater verherrlicht, dass ihr viel Frucht hervorbringt und meine Jünger werdet. Nicht ihr habt mich erwählt, ich habe euch erwählt. Ich habe euch dazu berufen, hinzugehen und Frucht zu tragen, die Bestand hat, damit der Vater euch gibt, was immer ihr ihn in meinem Namen bittet«* (Johannes 15,1-2.4.5.8.16).

»Frucht, mehr Frucht, reiche Frucht«,
das sind die zentralen Worte dieser Weinstockrede, die Jesus hielt. Aber was meint Jesus, wenn er diesen Begriff »Frucht«, dieses Bild von den Trauben, verwendet? Die Bibel gibt Antwort: *»Wenn dagegen der*

Heilige Geist unser Leben beherrscht, wird er ganz andere Frucht in uns wachsen lassen: Liebe, Freude, Frieden, Geduld, Freundlichkeit, Güte, Treue, Sanftmut und Selbstbeherrschung« (Galater 5,22.23).

Das wird das Leben der Menschen bestimmen und prägen, die mit Jesus verbunden sind. Allerdings möchte ich hier sehr deutlich sagen: Achtung! Man kann sich selbst und andere an dieser Stelle überfordern. Frucht muss wachsen und reifen, und das geschieht nicht von heute auf morgen. Kalkulieren Sie also den Wachstumsprozess mit ein.

- In kritischen Situationen kann man sich zur Ruhe zwingen, aber Friede muss wachsen.
- Ein höfliches Lächeln kann in kurzer Zeit vor dem Spiegel eingeübt werden, aber Freundlichkeit muss wachsen.
- Spaß kann ein Fernsehstück frei Haus liefern, aber Freude muss wachsen.
- Und das alles wird geschehen, wenn Sie mit Jesus Christus leben.

Frucht aber hat noch eine andere Seite. Davon spricht in besonderer Weise der 16. Vers. Jesus sagt: *»Nicht ihr habt mich erwählt, ich habe euch erwählt. Ich habe euch dazu berufen, hinzugehen und Frucht zu tragen, die Bestand hat, damit der Vater euch gibt, was immer ihr ihn in meinem Namen bittet«* (Johannes 15,16).

Achten Sie hier besonders auf die Formulierung: *»... hinzugehen und Frucht zu tragen«.* Ich bezeichne es als »Hingeh-Frucht«. Sie finden die gleiche Formulierung im Missionsauftrag, den Jesus seinen Jüngern gab: *»Mir ist alle Macht im Himmel und auf der*

Erde gegeben. Darum geht zu allen Völkern und macht sie zu Jüngern« (Matthäus 28,18-19).

Hingehen heißt, mit dem Evangelium zu den Menschen gehen. Hier erwartet Gott von uns eine Aktion. Ich warte nicht in meinem gemütlichen Wohnzimmer, bis jemand kommt, sondern ich verlasse meine Wohnung. Ich setze mich in Bewegung. Ich klingle an einer fremden Haustür. Ich suche das Glaubensgespräch mit einem Nachbarn. Ich nehme mir Zeit für einen Missionseinsatz. Wer nicht bereit ist hinzugehen, der wird auch keine »Hingeh-Frucht« bringen. Diese Frucht aber sucht Jesus im Leben seiner Leute. Menschen sollen durch uns für Jesus Christus gewonnen werden. Verlorene sollen durch uns die Botschaft von der Rettung hören. Nehmen Sie bitte ernst, was Jesus Christus am Anfang seiner Rede gesagt hat: *»Ich bin der wahre Weinstock und mein Vater ist der Weingärtner. Er schneidet jede Rebe ab, die keine Frucht bringt, und beschneidet auch die Reben, die bereits Früchte tragen, damit sie noch mehr Frucht bringen«* (Johannes 15,1-2).

3. Bleiben – das Lebensthema

Ich möchte Sie noch zum Nachdenken über einen Begriff einladen, der in dieser Weinstockrede siebenmal vorkommt; er heißt »bleiben«.

Am Anfang sprach ich von den vielfältigen Energiekrisen des Lebens. Man könnte diese Energiekrisen auch das fruchtlose Leben nennen, also eine Rebe ohne Trauben, um in dem Bild zu bleiben, das Jesus Christus hier verwendet. Jesus Christus hat in dieser Gleichnisrede deutlich gemacht, dass wir organisch mit ihm verbunden sein müssen, wenn wir ein fruchtbringendes, ein geistlich erfolgreiches Leben führen wollen. Aber dann zeigte er seinen Jüngern, dass es weiter für sie darauf ankommt, in ihm zu bleiben. Ein kontinuierliches Leben mit Jesus Christus ist notwendig. Darum wohl dieser siebenfache Gebrauch des Wortes «bleiben». Ich zitiere den Text:

»Bleibt in mir, und ich werde in euch bleiben. Denn eine Rebe kann keine Frucht tragen, wenn sie vom Weinstock abgetrennt wird, und auch ihr könnt nicht, wenn ihr von mir getrennt seid, Frucht hervorbringen. Ich bin der Weinstock; ihr seid die Reben. Wer in mir bleibt, und ich in ihm, wird viel Frucht bringen. Denn getrennt von mir könnt ihr nichts tun. Wer nicht in mir bleibt, wird fortgeworfen wie eine nutzlose Rebe und verdorrt, ... Doch wenn ihr mit mir verbunden bleibt und meine Worte in euch bleiben, könnt ihr bitten, um was ihr wollt, und es wird euch gewährt werden! Ich habe euch genauso geliebt, wie der Vater mich geliebt hat. Bleibt in meiner Liebe. Wenn ihr mir gehorcht, bleibt ihr in meiner Liebe, genauso wie ich meinem Vater gehorche und in seiner Liebe bleibe« (Johannes 15,4-7.9.10).

Es ist, als wollte Jesus Christus das seinen Nachfolgern einhämmern, unauslöschlich, markant: Bleiben ist das Lebensthema. Wir werden keine Menschen für Jesus Christus gewinnen, und wir werden keine wirkliche Umgestaltung unseres Charakters erleben, wenn wir nicht in Jesus Christus bleiben. Wackelkontakt ist der sicherste Weg zu einem abstoßenden und leeren Christsein.

Kein Wackelkontakt

Ich werde die aufregenden Stunden aus der Kindheit nicht vergessen, in denen wir unter der Modelleisenbahn lagen und nach den Wackelkontakten suchten. Ärgerlich, wenn wir den Besuchern die Eisenbahn vorführen wollten und dann plötzlich die Lichter ausgingen, eine Weiche nicht mehr funktionierte oder der Zug im Tunnel stehen blieb.

Da sitzen Sie gemütlich im Sessel, ein Buch in der Hand, und dann geht das Licht aus. Sie wollen eine neue Glühbirne einschrauben, aber in dem Augenblick, wo Sie die alte ausschrauben wollen, leuchtet sie wieder auf. Sie greifen zu Ihrem Buch, aber das Glück währt nicht lange, mit einem Mal sitzen Sie wieder im Dunkeln. Und dann wiederholt sich dieses ärgerliche Spiel. Wackelkontakt! Die Glühbirne ist o. k., der Stecker sitzt fest in der Steckdose – und trotzdem.

»Bleibt in mir!«, hat Jesus seine Jünger ermahnt. Wackelkontakt führt nicht nur zum Qualitätsverlust, sondern macht jedes Fruchtbringen unmöglich. Darum wird Treue im Christsein groß geschrieben. Begeisterung für Jesus ist wünschenswert, aber Treue ist wichtiger. Einsatzbereitschaft für Jesus und seine Sache ist notwendig, aber erst durch Treue kann die Frucht reifen.

Darf ich Sie noch einmal daran erinnern, dass Jesus Christus hier den Weg zu einem erfüllten Leben zeigt? Er als der Weinstock will, dass seine göttliche Energie in uns, wenn wir Reben sind, hineinströmt. Sie können sich auch mit weniger zufrieden geben, aber dann würde Ihr Christsein zur Karikatur werden. Und das ist ja sicher nicht erstrebenswert. Stellen Sie sich eine Rebe vor, voll mit wunderbaren blauen Trauben. So kann Ihr Leben werden, wenn Sie in Gemeinschaft mit Jesus Christus, dem gekreuzigten, auferstandenen und erhöhten Sohn Gottes, leben. Darum hören Sie noch einmal dieses verheißungsstarke Wort:

*»Ich bin der Weinstock;
ihr seid die Reben.
Wer in mir bleibt,
und ich in ihm,
wird viel Frucht bringen.«*

■ Übersicht der ICH-ICH-BIN-Worte ■

Jesus Christus hat diese inhaltsschweren Worte *EGO EIMI* sehr häufig und in verschiedenen Zusammenhängen in seinen Reden verwendet. Es war jedes Mal eine Proklamation seiner Göttlichkeit. So und nicht anders hat Jesus Christus sich verstanden. Er wusste, wer er war, und er wusste, woher er kam und wohin er wieder gehen würde. Nicht die Apostel und nicht die ersten Christen haben Jesus von Nazareth aufpoliert und ihm zu einem göttlichen Image verholfen. Es war Jesus selbst, der nicht nur sagte, dass er Gottes Sohn sei, sondern der sich mit diesem EGO EIMI als der Gott Israels und damit als der Gott des gesamten Universums ausgab.

An diese Stelle möchte ich dem Leser einen Überblick über die Ego-eimi-Aussagen geben.

1. Ego eimi – im Zusammenhang mit Bildbegriffen

Jesus Christus – das Brot
- *»Ich, ich (EGO EIMI) bin das Brot des Lebens. Wer zu mir kommt, wird nie wieder hungern. Wer an mich glaubt, wird nie wieder Durst haben«* (Johannes 6,35).
- *»Da fingen die Leute an aufzubegehren, weil er gesagt hatte: ›Ich bin (EGO EIMI) das Brot, das vom Himmel herabgekommen ist‹«* (Johannes 6,41).
- *»Ich versichere euch: Wer an mich glaubt, hat schon das ewige Leben. Ja, ich bin (EGO EIMI) das Brot des Lebens«* (Johannes 6,47-48).
- *»Ich bin (EGO EIMI) das lebendige Brot, das vom Himmel herabgekommen ist. Wer dieses Brot isst, wird ewig leben«* (Johannes 6,51).

Jesus Christus – das Licht
- *»Ich, ich bin (EGO EIMI) das Licht der Welt. Wer mir nachfolgt, braucht nicht im Dunkeln umherzuirren, denn er wird das Licht haben, das zum Leben führt«* (Johannes 8,12).

Jesus Christus – das Tor
- *»Ich versichere euch: Ich bin (EGO EIMI) das Tor zu den Schafen. Alle, die vor mir kamen, waren Diebe und Räuber. Doch die Schafe hörten nicht auf sie. Ja, ich bin (EGO EIMI) das Tor. Wer durch mich hineingeht, wird gerettet werden. Wo er auch hinkommt, er wird grüne Weiden finden«* (Johannes 10,6-9).

Jesus Christus – der Hirte
· *»Ich bin (EGO EIMI) der gute Hirte. Der gute Hirte opfert sein Leben für die Schafe«* (Johannes 10,11).
· *»Ich bin (EGO EIMI) der gute Hirte; ich kenne meine Schafe und sie kennen mich«* (Johannes 10,14)

1.5 Jesus Christus – der Weinstock
· *»Ich, ich bin (EGO EIMI) der wahre Weinstock und mein Vater ist der Weingärtner«* (Johannes 15,1).
· *»Ich bin (EGO EIMI) der Weinstock; ihr seid die Reben. Wer in mir bleibt, und ich in ihm, wird viel Frucht bringen. Denn getrennt von mir könnt ihr nichts tun«* (Johannes 15,5).

2. Ego eimi –
in Verbindung mit Begriffen

Jesus Christus – Auferstehung und Leben
· *»Ich bin (EGO EIMI) die Auferstehung und das Leben. Wer an mich glaubt, wird leben, auch wenn er stirbt. Er wird ewig leben, weil er an mich geglaubt hat, und niemals sterben«* (Johannes 11, 25-26).

Jesus Christus – Weg, Wahrheit, Leben
· *»Ich bin (EGO EIMI) der Weg, die Wahrheit und das Leben. Niemand kommt zum Vater außer durch mich«* (Johannes 14,6).

3. Ego eimi – als Messiasoffenbarung
· *»Die Frau sagte: ›Ich weiß, dass der Messias kommen wird – der, den man den Christus nennt. Wenn er kommt, wird er uns alle diese Dinge erklären.‹ Da sagte Jesus zu ihr: ›Ich bin (EGO EIMI) es, der mit dir spricht!‹«* (Johannes 4,25.26).

4. Ego eimi –
in verschlüsselten Redetexten

4.1 Als Offenbarungswort
an seine Jünger

· *»Sie waren etwa fünf Kilometer weit gekommen, als sie plötzlich Jesus übers Wasser auf ihr Boot zukommen sahen. Sie erschraken fürchterlich, doch er rief ihnen zu: ›Ich bin es! (EGO EIMI) Habt keine Angst.‹«* (Johannes 6,19-20).
· *»Ich sage euch das jetzt, damit ihr, wenn es eintrifft, erkennt, dass ich der Christus bin (EGO EIMI)«* (Johannes 13,19).

4.2 Als Offenbarungswort an seine Gegner

- »*Euer eigenes Gesetz sagt: Wenn zwei Personen etwas übereinstimmend bezeugen, gilt ihre Aussage als Tatsache. Ich bin (EGO EIMI) der eine Zeuge, und mein Vater, der mich gesandt hat, ist der andere*« (Johannes 8,17-18).
- »*Deshalb habe ich gesagt, dass ihr in eurer Sünde sterben werdet: Weil ihr nicht an mich als den glaubt, der ich bin (EGO EIMI), werdet ihr in eurer Sünde sterben*« (Johannes 8,24).
- »*Also sagte Jesus: ›Wenn ihr den Menschensohn am Kreuz erhöht (gekreuzigt) habt, werdet ihr erkennen, dass ich es bin (EGO EIMI) und dass ich nichts von mir selbst aus tue, sondern das sage, was der Vater mich gelehrt hat‹*« (Johannes 8,28).
- »»*Euer Vater Abraham freute sich auf mein Kommen. Er sah es voraus und war froh.‹ Die Leute erwiderten: ›Du bist nicht einmal fünfzig Jahre alt. Wie kannst du behaupten, du hättest Abraham gesehen?‹ Jesus antwortete: ›Ich versichere euch: Ich war schon da (EGO EIMI), bevor Abraham auch nur geboren wurde!‹*« (Johannes 8,56-58). Grundtext: »Ehe Abraham war, bin ich.«
- »*Die obersten Priester und Pharisäer hatten Judas einen Trupp römischer Soldaten und Tempelwächter mitgegeben, die ihn begleiten sollten. Nun marschierten sie mit lodernden Fackeln, Laternen und Waffen dorthin. Jesus wusste, was mit ihm geschehen würde. Er ging ihnen entgegen und fragte: ›Wen sucht ihr?‹ ›Jesus von Nazareth‹, erwiderten sie. ›Ich bin es‹ (EGO EIMI), sagte Jesus. Judas stand bei ihnen, als Jesus sich zu erkennen gab. Und als er sagte: ›Ich bin es‹ (EGO EIMI), wichen sie alle zurück und fielen zu Boden. Noch einmal fragte er sie: ›Wen sucht ihr?‹ Und wieder antworteten sie:*
- *›Jesus von Nazareth.‹ ›Ich habe euch doch gesagt, dass ich es bin‹ (EGO EIMI), sagte Jesus. ›Und da ich derjenige bin, den ihr sucht, lasst die anderen gehen‹*« (Johannes 18,3-8).

---

[1] aus: »Detektive in Höhle 7«, DER SPIEGEL Nr. 22, 27.5.96, Seite 67
[2] Billy Graham, Biblische Richtlinien für Evangelisten, Hänssler, Neuhausen 1986, Seite 59
[3] Billy Graham, Biblische Richtlinien für Evangelisten, Hänssler, Neuhausen 1986, Seite 78